樋口恵子
和田秀樹

うまく老いる

楽しげに90歳の壁を乗り越えるコツ

講談社＋α新書

はじめに

和田秀樹

たまたま、高齢者向けの本が当たったことがきっかけとなって、あれこれと高齢者向けの本を出すことになりましたが、私自身は63歳で、まだ高齢者であることを経験していません。

高齢者専門の精神科医という貴重な体験を30年以上もさせていただいたこともあって、高齢者が何に苦しみ、それをどう解決すればいいかということについては、確かに経験から言えることがあると自負していますが、残念ながら、医者のもとには元気で活躍され、長生きされている方はほとんど来ません。

以前、高齢者専門の総合病院に勤務し、そこには老人ホームが併設されていたこともあって、通常の医者が考えるように、検査データを正常にしたら元気で長生きできるなどということはほとんど嘘《うそ》に近いことがわかったのですが、どうすれば元気で、アクティブなまま、長生きできるかということは、いまもって謎だらけなのです。

ただ、受験指導をしてきたことの経験則から言うと、うまくいっている人から話を聞き、それを参考にすることが早道のように思えてなりません。私には、自己流や学校から押し付けられたヘボな勉強法をそのまま実践している人に、私がうまくいき、弟に教えて成功に導いた勉強法を教えることで、多くの人の受験を成功に導いた経験があります。

私自身も、老年精神医学の名医、竹中星郎先生のもとで医者として仕事ができたので、精神科医として話を聞くことがかなりうまくなった自負もあります。

野球にしても、うまくなりたければ、チームドクターでなく名選手に習いたいと思うでしょう。チームドクターに聞いても、怪我をしないためにどうすればいいかは教えてもらえても、野球はうまくならないでしょう。

前置きが長くなりましたが、今回、私が上手に老い、90を過ぎても現役を続け、また頭脳も明晰な樋口恵子先生と、対談というかたちで教えを乞うことができたのは、本当にラッキーなことだと思っています。

どんなに元気で、長生きし、さらに頭脳も明晰な方であっても、残念ながら身体機能は衰えてきますし、一部の知的機能が衰えるのは、誰も避けることができません。それがどんなかたちで進んできて、それに対して樋口さんがどう対応し、折り合いをつけながら上手に生きておられるのかを、「老いの実況中継」というかたちでお話をうかがうことができたのは、読者の方のためだけでなく、私自身にとって、本当に勉強になったと自信を持って言えます。

また、樋口先生と話をしていて、私にも多くの人にも役立つと思えるのは、長年にわたり福祉の研究をなさり、介護保険を含めて福祉政策のアドバイザーを続けてこられた経験をうかがえただけでなく、いざ自分が老いた際に、それをどう利用し、それに対してどのような評価をなさっているのかを聞けたことです。

人間は高齢になればなるほど、医者ができることは限られ、いわゆる福祉の力に支えられながら生きていくようになるものなので、それをどう考え、どう使うかはとても大切なのです。

社会的地位が高かった人ほど、福祉の力を借りることに拒否的な人が多いことを嫌というほど見てきました。樋口先生は、その点についても、非常に素直でフレキシブルなので、多くの人の参考になると思います。

ついでに、樋口先生の医者に対する評価も聞けたので、私も応用したいと思っています。いい医療というのは、高齢になるほど専門診療科といったハイレベルなものではなく、総合的な視野を持つ人間的なものだと思っていますが、樋口先生の素直なご意見をもとに私も意見を述べさせていただきました。

そして、後半の章では、高齢者の生き方についての考え方をふたりで提言させていただきました。上手に老いることの見本のような先生のおかげで、私が長年、高齢者を診続けてきて感じたことを、よりリアルなものにして読者にお伝えすることができたと自負しています。

80歳の人でも85歳の経験はないし、90歳の人でも100歳の経験がないのが老いの特徴です。老いの経験者で優等生の樋口先生と、老いの長年のウォッチャーからの話を今後のヒントにしていただければ幸甚です。

うまく老いる　楽しげに90歳の壁を乗り越えるコツ／目次

第3章　医者と91歳評論家が語る「いい医療の見分け方」

第4章 自由に、私らしく、生きるチャンス

第5章　嫌老社会vs.幸齢者が増える社会

第1章　死ぬ気になれば――老いの実況中継

人生100年時代、
死ぬのは怖いけど、生きるのも大変です（樋口）

最期まで好きなことを
存分にやり続けたいと思っています（和田）

「死」を意識して生き方が決まった

樋口　長くても、短くても困るものって、なあんだ？　そんなナゾナゾがあるそうです。答えは「寿命」。私は今91歳ですので、これには苦笑してしまいました。和田さんは今、おいくつですか？

和田　私は今63歳です。

樋口　わあ、お若いんですね。そのお年でしたら、ご自身の「老い」や「死」はまだまだ遠い存在かしらね。

和田　いえ、そんなこともないのです。58歳のとき、「ああ、私はもう死ぬのか」と思った出来事がありました。正月早々、異常なほどのどが渇き、10分おきに水を飲まないといられなくなりました。体重も、ひと月で5キロ減り、これはただごとではないと検査を受けると、血糖値が600というとんでもない数値になっていました。医者なら「すい臓がん」、しかも末期の可能性を疑います。

樋口　えっ、それは大変！　ショックが大きかったでしょう？

和田　私はかねてから、進行がんになったら延命のためにがんと闘うのではなく、がんを放置して、その代わり残された日々を充実したものにしようと決めていました。それが現実になるかもしれないとわかっても、気持ちは変わりませんでした。それどころか、「どうせ死ぬんだから」と思い、あれもやっておこう、これもやっておこうと、やりたいことがたくさんわいてきました。

とにかく、死ぬときに後悔をしたくない。今を精一杯生きて、やりたいことをやりつくす。これが私の覚悟でした。目の前に迫っている人生のゴールまで、全力で走り切ろうと思ったのです。自分が死ぬことを思うと、むしろ、生きる覚悟が強くなるものですね。

樋口　私も、60代のときに乳がんになりました。といっても手術は成功して、しばらく乳がんのことなんて意識から抜けていました。ところが、89歳になって、また乳がんが見つかったのです。さすがに2度目のときは「わっ、なんと運が悪い。私の命もあと2～3年か」と思いました。

私は和田さんのように潔くなくて……。いつかこの世を去らねばならないというのはわかっていても、やはりその日が来るのはさびしいもの。これぱっかりは、誰もあの世までご一緒しましょうなんて言ってくれません。死は究極の孤独です。

ところが、死の恐怖に打ち震えていたのはほんの数日。ふと、気づいちゃったんです。治療がうまくいって、生きながらえちゃったらどうしようって。術後の検診でお医者様が「がんもおとなしくなっているので、ヒグチさん、おそらく当分は死なないでしょう」とおっしゃいました。10年後の生存率は79%ともどこかに書いてありました。

え、ちょっと待って、89歳の10年後って99歳？　これから医療費はかかるだろうし、いずれ仕事ができなくなったとき生活費が足りるだろうか……人生１００年時代、死ぬのは怖いけど、生きるのも大変です。

お金の心配のあと、今度はまた違う感情がわいてきました。私がここまで長生きをしてきたあいだに、多くの人たちが戦争や貧しさ、病気などで命を落としてきたんですね。私はその生き残りであることを思うと、ただただ、今、生きていることがありがたいなって。

和田　そうですね。「死」から今の自分を見てみると、生きているうちにできることをしないと、という気持ちになれます。さいわい私は詳しい検査でも、すい臓がんは見つかりませんでした。命拾いしました。

樋口　ああ、よかった。ほっとしました。

和田　それでも、心不全も抱えていますし、人間、いつ死ぬかわからないことも事実です。この先、どんなふうに老いを迎えていくのかもわかりません。けれど、基本的には、最期まで好きなことを存分にやり続けたいと思っています。血糖値なんて気にせず、ラーメン屋に通ったり、映画を作ったり、車いす生活になろうが、寝たきりになろうが、どんなふうになったとしても、きっと今以上に言いたいことを言い続ける高齢者になるだろうなと思っているんです。

樋口　期待していますよ。私は何ごとも標準的に生きてきたと思っていますし、リッパな志を持っているわけでもありません。けれど、生きているかぎりは感謝と責任において、自分のできることで社会にかかわっていきたいと思っています。

考古学者だった私の父は戦後、職を失う時期がありましたが、自分の仕事が社会に役立つことを何よりの喜びと感じていました。私は、その父に生き方を学びました。それが、とっくに死んでいると思っていた年齢になっても生きている私の、今の心境なんです。

和田　死はタブー視されがちですが、死を意識すると、生きることだけでなく、老いることも前向きにとらえられるのではないかと思います。老いることができるというのは、生きていることの証ですから！

「長生きするのが怖いです」

樋口　私、この年になって感じますのは、みんな年をとることを恐れすぎているんじゃないか、ということなんです。

私は読売新聞の「人生案内」というコーナーで、長くいろんな方の悩みごとに回答していますが、60代半ばの女性から「長生きするのが怖いです」と相談されたことがありました。この方は年金と少ない貯金で暮らしており、施設に入る余裕はないとのこと。認知症になったら困ると思って運動をして食事にも気をつけているそうですが、それが皮肉にも長生きにつながりそうで怖い、と。

こんなふうに長生きを恐れているのは、認知症になったり、寝たきりになったりして、介護が必要になる期間が長いという思いがあるんだと思います。データでも、平均寿命から健康寿命を差し引いた年数が男性約９年、女性約12年と言われています。この長い期間に「生活に何らかの支障が出る」と言われ、みんなえらいこっちゃとなっているわけです。介護費や医療費はどうするんだ、家族に迷惑をかけたくない、いや、そもそも面倒みてくれる家族がいない、生きていても楽しくなさそう……そんなこんなで長生きはごめんだとなっているんですね。

和田　実は、健康寿命については、ちょっとした思い違いがあるんです。今、樋口さんが言われた平均寿命と健康寿命の差ですが、これはまるまる要介護期間ではないのです。まず、基本データから見てみましょう。

厚生労働省（以下、厚労省）が２０２１年12月に発表した「健康寿命の令和元年値について」の資料では、男性は平均寿命81・４１歳に対して健康寿命72・６８歳、女性は平均寿命87・４５歳に対して健康寿命75・３８歳ということになっています。

このデータでは、男女ともに70代で健康寿命が終わっていることになりますが、ちょっと身近な70代の人を思い浮かべてください。思っているよりずっと元気な人が多いと思いませんか。もちろん、70代で要介護になる人もいますが、今の70代の大多数は元気で、活動的で、おしゃれな方が多いです。

別のデータを見ると、70～74歳で介護保険の介護予防サービスと介護サービスを受給している人の総人口に対する割合は、男性4・4％、女性3・9％、75～79歳でも男性7・9％、女性9・1％と1割に満たないのです（「令和4年度 介護給付費等実態統計の概況」より）。

では、平均寿命と健康寿命の差、男性8・73年、女性12・07年とは何か？ これを説明する前にお聞きしますが、健康寿命がどのように判定されているのかご存じですか？

「健康寿命を延ばそう」の大合唱

樋口 実は、私、それをお聞きしたかったんです。2000年代に入ったころからでしょうか、「健康寿命」という言葉が注目されるようになり、高齢社会白書などにも「健康寿命」という言葉が登場しました。当時、地方に講演などに行きますと、「樋口先生、健康寿命って何ですか？」と質問されました。資料などで調べましても、何をもって「健康な時期」と「不健康な時期」に分けているのか基準がわかりにくいのです。正直に「よくわかりませ～ん」とお答えしていたんです。

とても言葉がいいものですから、みんな「健康寿命を延ばしたい」となり、今や「健康寿命を延ばそう」の大合唱。にもかかわらず、健康寿命の正体はぼんやりしたままです。いまさらですが、健康寿命とは何ものであり、どうやって判定しているんですか？

和田　厚労省の言う「健康寿命」の定義というのは、「健康上の問題で日常生活が制限されることなく生活できる期間」の平均年齢とされています。この「健康上の問題で日常生活が制限」されるかされないかを分ける基準は、樋口さんのおっしゃるとおり、とてもあいまいなんです。簡単に言うと、アンケート調査というとても主観的なもので決められているのです。

樋口　あら、アンケートですか。

和田　全国から無作為に選ばれた男女に、「あなたは現在、健康上の問題で日常生活に何か影響はありますか」という質問をします。「ない」と答えると「健康」、「ある」と答えると「不健康」とみなして算出したのが、健康寿命となります。

たとえば、高血圧症と診断されて、食事で塩分を控えないといけないだとか、薬を飲まないといけないとか、そういう人は高齢者に多いのですが、本人がそれを「制限がある」と考えるかどうか。「その人の主観」によって、「健康寿命」が決まってしまっていたんですね。極端なことを言うと、そのときたまたま風邪をひいて体調が悪い人も「生活に制限がある」と答えるかもしれません。つまり、男性約9年、女性約12年という期間には、ちょっとだけ生活に支障はあるけれど仕事や家事も現役でまだまだいろんなことができる人から、寝たきりで昼も夜も介護が必要という人まで、さまざまな状態が含まれているのです。

樋口　主観によって決まるとすると、ふだんヨロヨロして、家族が介護しているのに、「まったくもって元気です」なんていう、ええかっこしいの人、これは男性に多い気がしますが、そういう人でも「健康」の部類になりますね。反対に、何ごとも控えめに、おくゆかしくあれと育てられた世代の女性なんかは、「このごろは若いときのようにいかず、元気とも言えません」なんて控えめなことを言うと、「不健康」になってしまう。

そもそも生身の人間、ここまでが「健康」で、ここからが「不健康」というふうにハッキリ線引きすることじたいが難しいように思うんですが。

健康寿命を延ばしたければ病気を見つけるな

和田　年をとれば何かしら病気が見つかりますから、「健康である」と自信を持って答えられる人はどれだけいるでしょうか。それに、こういう主観に基づいて算出する方法の場合、健康診断で病気を見つければ見つけるほど、健康寿命は短くなっていきます。だから、健康寿命を延ばしたかったら、健康診断を受けないほうがいい、と私は思うんです。

樋口　えっ⁉　病気を見つけないほうが、健康？　う〜ん。

和田　病気というのは、血圧や脂質異常といった数値上の「異常値」のことです。人間には〝知らぬが仏〟という側面があって、あなたは正常値ではないから病気です、薬を飲みましょう、塩分を控えましょうと言うと、もともと具合は悪くなかったのに、気分がどんどん暗くなって、不健康な方向に傾いていってしまう。

最もいい例は、高齢者のがんです。がん検診でがんが見つかると、できるなら手術でとってしまいたいという人が多いです。しかし、手術や抗がん剤治療をすると、それまで元気でふつうに生活していた高齢者でも、残念ながら多くの方は、足腰が衰えたり心肺機能が低下して、あっという間に要介護状態になっていきます。がんは消えたけれど以前のような生活ができなくなってしまうなんてことが、多々起こり得るんですね。

がんというのは、高齢になれば増えていきます。80代、90代でがん検診を受ければ、かなりの確率でがんは見つかります。かつて私が勤務していた浴風会《よくふうかい》は高齢者専門の総合病院ですが、がん以外の病気で亡くなった高齢者も、解剖させていただくと85歳以上ならまず間違いなくがんが見つかります。

高齢者の場合、がんが進行する前に寿命が来てしまうことが多いのです。残された寿命をどう元気にすごすかということを考えれば、高齢になったらがん検診は受けないほうが、天寿を全うできるし、幸せに生きていけると思うんです。だから、健診やがん検診で病気を見つけないほうが、健康寿命も延びる。僕はそう思っています。

実際の要介護期間はそんなに長くない!?

和田　実は、健康寿命には、別の算出方法があります。その方法では、「自立」とする基準を、主観的なものではなく、介護保険の要介護2未満としています。65歳の人が要介護2になるまでの平均期間を「65歳平均自立期間」といい、65歳の平均余命と比べて、どのくらいの期間を占めるかを知ることができます。

このデータは、国民健康保険中央会が算出していますが、令和3年の調査結果によると、65歳男性の平均余命は16・5年の81・5歳。そのうち、自立している期間が80・0歳までとなり、自立できなくなった期間が1・5年でした。

65歳女性では、平均余命は22・6年の87・6歳、自立している期間が84・3歳まで、自立できなくなった期間は3・3年でした。つまり、男性80・0歳、女性84・3歳までは要介護2未満で、ある程度自分のことは自分でできるということ。これは、厚労省の「健康寿命」とは大きな開きがあります。私はこちらのほうが、実態に近い「健康寿命」ではないかと考えています。

厚労省の健康寿命の都道府県ランキングと、65歳平均自立期間の都道府県ランキングでは順位も大きく異なります。厚労省の健康寿命では、男性の1位は山梨（73・21歳）、2位は埼玉（73・10歳）、3位は愛知（73・06歳）、女性の1位は愛知（76・32歳）、2位は山梨・三重（76・22歳）、4位は富山（75・77歳）ですが、65歳平均自立期間では、男性の1位は長野（81・4歳）、2位は滋賀（81・2歳）、3位は奈良（81・0歳）、女性の1位は長野（85・1歳）、2位は島根・広島（85・0歳）、4位は石川・滋賀（84・9歳）です。自治体によっては、こちらの65歳平均自立期間のほうを健康寿命として採用しているところもあるんです（30〜31ページの表1）。

樋口　まあ、上位の顔ぶれも違っていますね。

ふむふむ、65歳平均自立期間。よく覚えておきましょう。こちらのデータでは自立していない期間がわりと短くて、少しほっといたしますね。年をとって最後は寝たきりになるにしても、それが長い時間続くと思うと、家族にも迷惑をかけたくないし、ご自身もつらいということで、長生きしたくないという気持ちになってしまうのは当然でしょう。それが何分の一かに短くなれば気持ちはずいぶん軽くなります。

和田　もちろん、残念ながら寝たきりになる人もいらっしゃいます。ですが、10年20年という長期間、寝たきりになるというのは、例外的なケースです。寝たきりの期間が5年以上の人が4割というデータがありますが、これは今、寝たきりで生きている人のなかで、5年以上の人が4割いるという意味です。生きている人を対象とするので、寝たきりの期間はどうしても長期化する傾向にあります。一方、短期間の寝たきりで亡くなってしまう場合、どんなに数が多くても統計には反映されにくい。寝たきりになってしまうと、残念なことにたいていの場合、そんなに長く生きられず、余命は確か1年に満たないぐらいのはずですよ。もちろん、寝たきりにならないようにすることがいちばん大事なのですが、寝たきりになっても、みんながみんな長期間、と

「健康寿命」と「65 歳平均自立期間」の都道府県ランキング

健康寿命

（歳）

男性			女性		
1 位	山梨	73.21	1 位	愛知	76.32
2 位	埼玉	73.10	2 位	山梨・三重	76.22
3 位	愛知	73.06	4 位	富山	75.77

65 歳平均自立期間

（歳）

男性			女性		
1 位	長野	81.4	1 位	長野	85.1
2 位	滋賀	81.2	2 位	島根・広島	85.0
3 位	奈良	81.0	4 位	石川・滋賀	84.9

厚生労働省「健康寿命の令和元年値について」（令和 3 年12月）
国民健康保険中央会「65歳平均自立期間・平均余命」（令和 3 年統計情報分）

表１　「健康寿命」と「65歳平均自立期間」の違い

厚生労働省の「平均寿命と健康寿命の差」

「健康寿命」は、「あなたは現在、健康上の問題で日常生活に何か制限はありますか」と質問して算出

男性	平均寿命**81.41**歳	健康寿命**72.68**歳
女性	平均寿命**87.45**歳	健康寿命**75.38**歳

平均寿命と健康寿命の差　男性　8.73年

女性　12.07年

国民健康保険中央会の「平均余命と自立期間の差」

65歳の人の「平均余命」と、65歳の人が要介護２になるまでの平均期間が「65歳平均自立期間」

65歳男性	平均余命**81.5**歳	自立期間**80.0**歳
65歳女性	平均余命**87.6**歳	自立期間**84.3**歳

平均余命と自立期間の差　男性　1.5年

女性　3.3年

いうわけではないことは知っておいてほしいですね。

樋口　厚労省はなぜ、あいまいな「健康寿命」を用いて、長い長い介護期間が待っているから覚悟せよ、とおどかすのでしょうか。

和田　厚労省が何を意図しているのかわかりませんけど、老後は要介護になるよ、寝たきり期間も長いよと言ったほうが、予算をぶんどりやすい。国民からも介護保険料を集めやすい。私などはそう勘繰ってしまいますね。

現実はピンピンとコロリのあいだにヨタヘロ期

樋口　健康寿命という言葉が広まった背景には、長生きするからには人様に迷惑をかけちゃいけない、健康じゃなくちゃいけないという、強迫観念のようなものがあるんじゃないかと思います。生きているかぎりはピンピン元気にすごしてコロリと逝《い》きたいという、ピンコロ願望がものすごく強いですね。ピンピン元気で、急にコロリと逝ったら、それは突然死ですと、和田さんもご著書に書かれていましたが（笑）。ともあれ、私も含めた多くの人たちが、健康寿命という言葉にふりまわされて、なんとしてもピンピンじゃなくちゃダメと思わされてきました。
けれど、実際に年をとってみますとね、ピンピンなんて言っていられなくなるの。程度の違いはありますが、それはどうしようもないことだと思います。それで、私、ヨタヨタ、ヘロヘロの「ヨタヘロ期」って言っているんですけど。

和田　ヨタヘロ期、ですか。

樋口　広島の「高齢社会をよくする女性の会」の代表で、春日キスヨさんという家族社会学の研究者がいらっしゃいます。介護保険があってもさまざまな理由で使うことができない対応困難者の相談員をもともと長いことやっていらして、非常にいい提案をなさってきました。
その方が、『百まで生きる覚悟』（光文社新書）のなかで「ピンピンコロリなんて幻想だ」と書いていらっしゃいます。見ているとピンピンコロリと逝く人は、倒れて半年以内に亡くなる人まで入れるとしても、せいぜい10人か5人に1人だって言うんです。実際は、ピンピン、コロリではなく、ピンピンの次に、ヨタヨタ、ヘロヘロになって、ドタリと倒れる。それから年の単位で寝たり起きたりしているというんです。

なるほど、身の回りを見渡してみると、ピンピンのあとに、ヨタヨタ、ヘロヘロの時期がたしかにあるなと思いました。その言葉をいただいて、私は「ヨタヘロ期」と名づけたわけです。

和田　年をとるにつれて、昔ほど体が自由に動かないとか、若いころほど頭がパパッと回らないとか、早口でしゃべれなくなったとか、そういう現象が増えてくるのは当然のことです。

あるいは、フレイル（虚弱）という要介護の前段階の状態も、樋口さんの言うヨタヘロ期に含まれるかもしれません。フレイルには、筋肉が衰えて日常動作がしにくくなる身体的なフレイルや、気力がわかないという精神的フレイル、社会のなかで孤立してしまう社会的フレイルがあります。フレイルを予防するために運動や栄養などの対策もさまざまに研究されてきています。こうしたフレイルの状態から、もう少し進んだ軽い要介護状態までが、もしかしたらヨタヘロ期に当たるのでしょうか。

樋口　ヨタヘロ期の厳密な定義はないんです。あくまでも私の感覚ですが、だいたい要介護2くらいまでと言えるのかもしれません。今の私が要支援1。車いすをいちいち出すほどではないんですが、以前より歩くのがゆっくりになりました。言葉も若いころのようにパパッとは出てきません。おそらく80代半ばごろからヨタヘロ期に突入し、今は中堅のヨタヘロです。これからもっと熟練の域に入っていくでしょう。

このようにヨタヘロ期にも70代、80代、90代と時間が経過するなかで濃淡のグラデーションがあります。そして、これが最も大事なことなんですが、ヨタヘロしていても、モノやサービスを賢く活用しながら、自分らしく生活していくことができるということなんです。健康でなくなったらオシマイではなくて、ヨタヘロになってから始まる人生もあるということなんです。

和田　そうです、そうです。道をゆっくり歩いている高齢者を邪魔に思うような人がいれば、「あなたもいずれはこうなるよ」と言ってやればいいし、「ヨタヘロしてても、こんなことができるぞ」と見せつけてやったらいいと思いますよ。

まだまだ元気な70代、でも油断は大敵

樋口　70代はまだまだ元気というお話がありましたが、私の場合も絶好調でした。65

歳からいちおう「高齢者」ということになりますが、私は70代だからって気にすまいと思っていたんです。先輩方を見ていても、70代は男女を問わず精一杯働いてきた方がたくさんいます。ああいいなと思って、私も70代は精一杯働こう、70代は老いの働き盛りである、なんて肩で風を切ってきました。

70歳のときには、東京都知事選にも出馬しました。東京育ちで口は達者。昔から喧《けん》嘩《か》なら任せとけっていう感じでやってきましたが、都知事選はこれまでやってきたことを社会に対してお返しできる最後のチャンスだと思って、精一杯やりました。すると、今までは敬遠していた考えの合わない人や嫌いな人も応援してくださるわけ。本当にありがたいなと思って。私ももっと感謝しなくちゃいけないとあらためて思いました。そんなこんなで大忙しでしたから、老いのマイナス側面なんか見ないで、70代でいかに元気に働けるかというプラスの側面ばかり見ていこうと思ったら、けっこう元気で乗り切れちゃいましたね。

和田　そうですよね。私もたくさんの高齢者を診《み》てきましたが、70代はまだまだお元気です。高齢者と呼ぶのもはばかられるような人も多いです。

樋口　ところがね、やってくるの。調子に乗ってやりすぎたら、ある日ひっくり返ってね。救急車で運ばれて、何だったかと言いますと、感染性胸腹部大動脈瘤。77歳のときです。

和田　ああ、それは、よく生還されましたね。胸部大動脈というのは体のなかで最も太い血管で、腹部大動脈へとつながっています。それらの血管に文字どおりコブができるのが胸腹部大動脈瘤という病気です。破裂するまで無症状のことが多く、破裂すると残念ながら亡くなってしまうことも多い。

樋口　循環器の専門病院である榊原記念病院に搬送され、夜中に緊急手術をしました。ほんとに痛かったですよ、あれは。手術そのものではなくて、切ったあとの痛いこと、痛いこと。呻《うめ》いていたら担当医が、「ごめんなさいね、この手術はね、世界でいちばん痛い手術なんですって」と言ってニコニコ笑ってるんですよね（笑）。

　大変だったですけれど、このあとケロッと元気になっちゃってね。体重は7キロ減りましたが、「コブをとって、大太りから小太りに。これがホントのコブトリばあさん」なんてね。

本当に救われた！　介護保険のリハビリ

和田　手術後、どのくらい休まれましたか？

樋口　仕事は1ヵ月ぐらい休みましたね。そのときつくづく思ったのは、介護保険という制度があって本当によかったということ。

介護保険以前の日本は、高齢化が年々進んでいくなかで寝たきりや認知症の高齢者が増加し、限られた公的サービスではとても対応しきれませんでした。「介護は家族がするもの」という固定観念のもと家族の〝美談〟が称えられるなかで、あちらこちらに介護地獄と呼ばれる状況があり、その地獄のど真ん中で孤軍奮闘していたのが嫁と呼ばれる女性たちだったのです。

都市部では、家庭でみられない〝社会的入院〟の高齢者が老人病院のベッドに寝かされ、付き添いさんがひとりで数人の患者さんの食事介助やおむつ交換をしていた。その悲惨さたるや。なんとしても介護の社会化を実現し、介護保険制度を作らなければ、この国は老いることが不幸になってしまう。そう思って活動したことが、こんなかたちで自分に返ってくるとは。

　よくしたもので、病院からきちっと私の住む地域に連絡がいって、重篤な病気だから必ずリハビリテーションの提供をするようにと。要支援１と認定されて、半年くらいリハビリに通いました。これが実によく効いて、日常生活動作は、倒れる前とほぼ同じくらいに回復しました。「ああ、いい世の中になった」とみんなにも言われましたよ。

　その後、介護認定で自立と判定されるまでになり、晴れてリハビリ終了となったわけです。私自身は、介護保険制度の設立の議論にもかかわっていたのと、かかっていた病院と地域の連携のおかげで、スムーズに利用できましたが、よく知らない人は戸惑われるかもしれませんね。あのとき連携がうまくいかず、すぐにリハビリを開始できていなかったら、足の筋力が衰えて、もしかしたらもっと老化が早まってしまったかもしれません。

　高齢者のなかには、介護保険は申請しないと利用できないことを知らない人もいます。要介護と認定されると、「強制的にバスが迎えに来てデイサービスに連れていかれる」なんて、大変な思い違いをしている人もいました。高齢になると何があるかわからないので、元気なうちに介護保険制度をはじめ、地域で受けられるサービスなど一度きちんと学んでおいたほうがいいと断言いたします（61ページのコラム）。

和田　胸腹部大動脈瘤という大変な病気から回復されたこともよかったですが、その後、リハビリも成功したというのは本当にすばらしいですね。というのも、高齢者の入院というのは病気の治療だけでなく、入院生活そのものがリスクになるんです。

ベッドで安静にすごす時間が長くなると、筋肉はあっという間に痩せ、しっかりと歩くことが難しくなります。ベッドに横になっていると体がそれに慣れてしまい、立ち上がったときに起立性低血圧を起こしたり、飲み込む力が衰えて、誤嚥《ごえん》性《せい》肺炎なども起こしやすくなります。体だけでなく、認知機能が低下したり、意欲が衰えていくのも怖いことです。こうしたリスクを避けるために、病院では早期離床といって、できるだけ早くベッドから起こして、リハビリを導入しています。樋口さんの場合は、病院と地域で連携がうまくいき、継続的なリハビリが功を奏したわけですね。

「老い」の不意打ちトイレショック

樋口　介護保険のおかげもあり、私の70代は無敵でした。と言いたいところですが、思い返してみると、ありました、ありました、事件が。

70代半ばごろだったか、あわただしく京都へ講演に行ったときのこと、駅のトイレに入りました。入ったトイレは和式でしたが、そのころの私は洋式だろうが和式だろうが気にしていませんでした。それで用を足して、立ち上がろうと思ったところ、本当に立てないんですよ、これが。名づけて、トイレ立てない事件です。

和田　和式トイレは本当に筋力使いますよね。人間以外の動物だったら4本の足がありますが、人間は2本足ですから。40歳を過ぎると、ふつうに生活しているだけだと筋肉は年間1％ずつ減っていくと言われています。80歳になるころには若いころの6割程度の筋力で体を支えなければなりませんから、立ち上がれなくなるのもある意味、当然といえば当然なのです。

樋口　私もね、戦争中に集団疎開をした世代ですから、お風呂が何日かおきでも不潔さなんかあんまり気にしないほうなんですけど、さすがに公衆トイレのじめっとした床に手をつくのは抵抗がありました。助けを呼ぶのもはばかられて、しばらく、どうしようかと考えて、しょうがない、トイレットペーパーをぐるぐると巻きとって床に敷き、両手をついてエイヤッ！　と。思い出すのも悲しい格闘。トイレットペーパーを無駄遣いした申し訳なさで、罪の意識にもかられました。

そのころから私、自称「トイレ評論家」になりまして、トイレで立ち往生しないために手すりがあるかチェックして、いろいろなところで話したり、書いたりするようになりました。トイレ問題は、非常に奥の深い問題で、持続可能な開発目標ＳＤＧｓの17の目標のひとつにもなっています。世界には、トイレや公衆便所など基本的な衛生サービスを利用できない人が約42億人もいるそうです。ＳＤＧｓは「誰ひとり取り残されない社会を」を合い言葉に２０１５年、国連が採択したものですが、エスディーじいズならぬエスディーばあズにしてみれば、体力が低下した高齢者がトイレの個室に取り残されるようなことも、早急に解決しなければなりません。

そうしたトイレ立てない事件のようなことはほんの一例。80代になると、昨日まで平気、平気、大丈夫と思っていたことが、突然できなくなる。そんな不意打ちを受けるたびに、これが老いというものなんだと。ショックですけれど、この老いとともに生きていかなきゃいけないんだな、受け入れて生きようとすぐ思い直すから、バカみたいに長生きしているわけなんです。

和田　いや、そうした老いとの向き合い方はまさに正解ですよね。そういう受け入れ方が大事だと思うんです。

70代と80代で「老い」への対策を変える

和田　私は、老いの長い時期をできるだけ元気にすごすには、70代の「老いと闘う時期」と、80代以降の「老いを受け入れる時期」という二段構えで考えるのがいいと思っています。

70代の「老いと闘う時期」とは何かと言うと、衰えつつある機能をできるだけ衰えさせないようにすることです。70代前半で認知症や要介護になっている人は1割もいません。しかし、運動機能や脳の機能は放っておけばどんどん低下していきます。だから、この元気なうちから、運動機能や脳の機能を使う習慣を身につけて、いかに長持ちさせるかということが、その後の80代、90代の生活の質にかかわってきます。

それでも老いは完全に食い止めることはできません。人によって程度の違いはありますが、老いは必ずやってきます。高齢者専門の精神科医である私の経験からしますと、いつまでも若さや健康にこだわって老いと闘い続けていると、「昔はよかったのに、今の自分は情けない」と敗北感や挫折感にとらわれて、今を楽しめなくなってしまいます。

80代で大切なのは、上手なシフトチェンジです。「老いと闘う時期」から「老いを受け入れる時期」に切り替えるのです。この切り替えがうまくいくと、老いた自分に失望したり、嫌悪したりせず、老いていく自然の成り行きを受け入れることができます。「老いを受け入れる」とは、杖《つえ》や車いすなどのモノの力を借りたり、人の手を借りたりすること。また、できなくなったことよりも、今できることに目を向けるというのも大事なことです。

80代の武器は文明の利器とおおらかさ

樋口　80代になると、肩が痛いし、首が痛いし、若いころに転んで痛めた膝もあらためて痛むしで、体中が痛みだしました。体のあちこちに違和感が生じるようになり、空腹感もなくなって、朝起き上がるモチベーションもわかなくなりました。目が覚めて、起き上がり、着替えをするという当たり前のようにやっていた一連の動作が、80代になってからサササッとできなくなり、何をするにもエイッと気合が必要になりました。

リハビリ体操も始めました。月謝を払い、月に2回、先生に来ていただき、ストレッチや軽い筋力トレーニングをしています。ふだんの生活では自主トレを欠かしません。かかとの上げ下ろしを30〜40回、愛猫の名前になぞらえた歌を歌いながらやっています。いすの背につかまりながら、片足立ちも30秒。いすから立ち上がるときは、ゆっくり立ち上がると筋肉が鍛えられると聞き、ゆっくりと1、2、3、4、5と数えながら立ち上がっています。私は子どものころから典型的な「文化系女子」で、運動はやるのも見るのもまったく興味なし。80代になって、まさか自分がここまで「体育会系」になろうとは。

リハビリは今も続けていまして、継続は力なりで、今もなんとか杖なしで歩けています。お金はかかりますが、死ぬまで仕事をしたいと思っている私にとっては、必要経費だと思っています。これって、無駄なあがきかしら？

和田　いえいえ、そんなことはありません。ご自分のできる範囲で運動を続けるというのはとてもいいことだと思います。先ほど80代以降は「老いを受け入れる時期」と言いましたが、それはもう年だから何もしなくていいとか、諦めろとか、そういうことではないんです。老いを受け入れるということは、ご自身の状態を受け入れて、うまく文明の利器を利用すること。たとえば立ち上がりにくくなったら手すりをつけましょう、歩くのがおぼつかなくなったら杖を使いましょう、耳が聞こえにくくなったら補聴器を着けましょう、ということです。

トイレで立ち上がれなくなったからと、足の筋肉を衰えさせないように筋力トレーニングをするのはいいことですが、人間は筋トレだけして生きていくわけにはいきませんよね。どんなにがんばっても、残念ながら筋肉が衰えるときが来ます。それだったら、トイレに手すりをつける、外出先のトイレなら和式は選ばない、念のため紙おむつなどの衛生用品を利用する、介助サービスを利用する……いろんな知恵と工夫を総動員して、生活の障害を乗り越えるための新たな方法を探すことが、老いを受け入れるということだと思います。

私の母は、90歳のとき、足の付け根にある大腿骨頸部を骨折しました。この年で骨折したら、二度と歩けなくなってしまうのではないかと心配しました。しかし、母は車いすを使う一方で、根気強くリハビリを続け、手押し車を使えば歩けるようになりました。その後、もう一度骨折してしまうのですが、再びリハビリをして、自力で歩くことができています。

母は70歳のとき、父親と同じ墓に入りたくないと言って離婚しました。かなり強情なところがありますが、自己主張のしっかりした人で、なかなか諦めない人です。母が寝たきりにならずにすんだ理由は、自分で動けるようになるという大目標は諦めない代わりに、その日の体調に合わせて、「今日は車いすで行くわ」とか「調子がいいから、今日は手押し車で」というふうに、文明の利器を使い分ける臨機応変さを持っているからだと思っています。今はサービス付き高齢者住宅で暮らしていますが、嫌なら別のところに変えるというスタンスでいるので、我慢をため込まないため、うまく適応しています。

樋口　道具を使いこなしながら、半分でもできればよしとするおおらかさも大切ですね。自己肯定は、うぬぼれにつながる危険はあるものの、自信の第一歩。「まだやれるって！」と私は毎日自分を勇気づけています。

90代、想像を超える転び方にショック

樋口　90代に突入すると、まるで未知との遭遇の日々です。それで、「ああ、こういうことだったのね」と得心がいったことがありました。

その当時、90歳の加藤シヅエさん（初の女性代議士のひとり）から、骨折してすごいけがをしたときのことをお聞きしました。私は、まだ50代半ば。「どうしてそんな平坦なところでお倒れになったんですか。段差もない、いいお住まいなのに」って言

ったら、「あのね、樋口さん。50代だったら立っているだけで倒れることはありませんね」と。「でも、私の年になると、ただ立っているだけでフワーッと倒れることがあるんですのよ」と。そのフワーッと言うとき、実に優雅な、羽ばたくような手つきもなさって再現してくださったんですが、全然わからない。けれど、あの丁寧なきれいなお言葉遣いでそう言われると、「そういうものでございますか。承りました」って言うしかなく、帰ってきちゃったわけです。

その加藤先生の言葉を思い出したのが、90歳になったばかりのときでした。玄関の上がり框《がまち》でフワーッと倒れたんですよ。何かにつまずいたとかではなく、まさに崩れ落ちるようにフワーッと倒れて、背中と左の頬骨をぶつけて、目を打たないでよかったんですけど、10秒か20秒ぐらい、気絶じゃないけど、どうしようもなかったですね。

80代からちょっとした段差につまずいて転倒することはありました。「80代は転倒適齢期」なんて言って、同年代のみなさんに注意を促していたんですが、何もないのにフワーッと転ぶというのは、転び方としては老いの上級者しかできない新技だと思うんです。痛い思いをしましたが、それ以上に、ああ、これかと。加藤先生に言われて、ずっとわからないままだった謎が三十数年ぶりに解けたというのは、ある意味、おもしろいものですね。

和田　加藤さんや樋口さんがそうだというわけではありませんが、一般に高齢になると意識障害を起こすことがあります。多くは、低血糖、低ナトリウム血症によるもので、飲んでいる薬の影響やちょっとした体調の変化で、一瞬、意識が飛ぶ。そのときに筋肉に力が入らず、フワーッと倒れることがあるんですね。

〝老年期症状〟がわかれば心で迎え撃てる

樋口　最近は、さらに不思議な体験をしました。私はボケないだろうと何となく思っていたんですが、それは甘い願望であったようです。

和田　どんなことがあったんですか？

樋口　つい最近のことなんですけれどね。何かの用事で、助手が来る日じゃないんだけど来てほしいなと思うときがあったんですよ。それで「ちょっと明日来れない？」

と言ったら、「いいわよ」って言ってくれた。ああよかった、とほっと胸をなでおろした数秒後に、これは全部幻覚だと気づいたということがあったんです。ゾゾゾッとしました。私はすごい勢いで、ボケが進行しているんでしょうか？

和田　ゾゾゾッとしたんですね。でも、それは認知症ではないと思います。こうしてお話ししていても、樋口さんから認知症という印象は受けません。幻覚とおっしゃいましたが、それは「せん妄」という意識障害の一種ではないかと思います。認知症とわりと誤診される症状なのですが、せん妄は半分夢うつつみたいな一時的な意識障害で、数日間続くことはあっても、一般には少したてばもとのように戻ります。

高齢者では、入院するなど環境が変わったときによく起こることが知られています。他に、便秘や脱水、薬の影響、ストレスといった日常的なことが原因になることもあります。現実にはいない虫や蛇が見える、泥棒がいるというような幻覚を見て、怖い思いをする人もいます。でも、まわりの人には「おかしなことを言っている」ように見えますから、認知症が始まったのではないかと心配するんです。

先ほどの意識障害といい、せん妄といい、高齢者の臨床をやっている医者ならすぐにわかります。せん妄を想定できないとしたらもうヤブ医者のなかのヤブ医者です。一般の人は知らなくても無理はないですが、医者なら、高齢になったらせん妄という意識障害が起きるよ、けれど、それほど心配しなくていいよ、と言ってあげられるようであってほしいと思います。

樋口　ははあ、少しほっといたしました。

女性は更年期に、動悸《どうき》・息切れ、めまい、手指の痛み、のどの違和感……いろんな症状が出ますね。これらを知らないと、自分の不調の正体がわからないから、いったいどうしたのかしらと気持ちまで落ち込みます。だから事前に知って備えておくことが大事。同じように、〝老年期症状〟で体や心にどんな変化が起こるのか、あらかじめ知っておくことが大事ですね。心がまえができますし、実際に身に起きたときにも、おお来たか、と心のなかだけでも迎え撃つことができます。

100歳ライフは人類初の生き方

樋口　それにしても、和田さんは出す本、出す本がヒットしていますね。すばらしいご活躍だと思って見ておりましたけれど、なぜ、ご自分の本が受けていると思われますか？

和田　私が高齢者向けの本を初めて書いたのは、１９９６年の『老人を殺すな！』（ＫＫロングセラーズ）という、高齢者専門の総合病院、浴風会時代の経験から書いた本です。この病院は老人ホームが併設されていて、亡くなるまでの追跡調査が可能ですし、年間１００例も解剖させていただいているので、さまざまなことがわかります。以降、高齢者についての本だけでも１５０冊近く書いてきました。私なんかの本が多少なりとも読んでもらえるひとつの理由は、浴風会時代から37年間で約６０００人の高齢者を診ているからだと思っています。老いとはどういうことか、老いるとどうなるのか、最終的に解剖してみるとどうだったのかなど、いろいろな人たちを診てきた経験があるからこそ、みなさんに本を読んでもらえるのかなと思っています。

樋口　老いをテーマにした本が売れているのは、やっぱり老いに対して無関心ではいられないと思う人がようやく増えてきたからではないでしょうか。「ネガティブなことは考えたくない」と言って、年をとったときのことは考えないようにする人がいる一方で、自分で手を打てるうちに打っておこうという人も確実にいます。

私は「老いの実況中継」と言っているのですが、自分の身に起こった老いの体験を、みなさんにお知らせしているんです。年をとるってこんなことがあるんですよ、と。自分のことながら笑っちゃうしかないような、驚くようなことが次々と起こって、話題には事欠きません。

私にとっても変化していく老いの日々は初めてのことばかり。どうせ初心者ならば、どんなことが起こるのかしらと好奇心を持って構えているほうがいい。まるで、未知なるヨタヘロ探検旅行の現場から、「こんなこと、発見しました」と実況中継しているようなものですね。おかげさまで同じ年ごろか、ちょっと年上の方たちは、ヒグチさん、わかるわかると拍手喝采。年下の人たちも、おもしろがってくださっているようです。

和田　80歳の人でも81歳は経験したことがないし、90歳の人でも91歳は初めて経験することですよね。だから、高齢者をほとんど診たことがないような医者の言うことを聞くよりも、大勢の人が、老いと向き合って生きている人の話を参考にしたいと思うのはよくわかります。

樋口　冒頭で「長生きが怖い」という60代の女性の話をしましたが、私なども気がつけばすごい年齢になっていて、もうとっくに死んでいると思っていた年齢を越えて生きています。正直言って、この方のように長生きすることに不安や恐怖がないと言うと嘘になりますよ。「どうしよう、100歳まで生きるかもしれない〜、お金は足りるかしら〜」と。

当たり前のように90歳を越えて、100歳を越えても生きていく今の時代は、大袈《おおげ》裟《さ》でも何でもなく、人類初めての体験です。日本で100歳を越えて生きる人は9万2000人になりました。その9割近くが女性なんです。今は多くの人が100歳前後まで生きる時代となりつつあり、私はその第一世代。だったら、今の人生100年時代に合った、新しい生き方とは何か、それを実践しようと思って、自分の老いに好奇の目を向けているのです。

和田　「長生きが怖い」という女性には、どんな回答をしたんですか？

樋口　とても難しかったんですが、自分でどうにもならない死のことを考えるよりも、働くことを提案しました。ボランティア活動でもいい、仕事でもいいから社会とかかわることで、生きがいにつながるかもしれないからです。労働力の側に身を置くのは、人手不足という社会的な課題解決にもかなっています。だから、不安に呑《の》み込まれないようにしましょうって。

和田　確かにそうですね。あと、未来というのは、悪いことばかりでないという考え方もあります。ＡＩを積んだ介護ロボットが実用化されると、ＣｈａｔＧＰＴ（チャットＧＰＴ）のようなかたちで話し相手にもなってもらえるし、料理も作ってくれて掃除もしてくれる。３Ｄプリンターを使えば、すごいイケメンのロボットも作れる。誰にも迷惑をかけずに介護が受けられる。ＡＩを積んだドローンを使ってタケコプターのようにどこにでも連れて行ってもらうことが可能になるかもしれません。長生きしていると、いろいろないいことが見られるという考え方もありますね。

誰もが老いるけれど老い方は千差万別

樋口　私、自分が年をとってみてつくづく思うことがあります。それは、誰ひとりとして、同じ老い方の人はいないということ。誰の身にも老いがやってくることは平等と言えますが、その中身は実に千差万別なんですね。

歩くのもひと苦労という方もいれば、スタスタ歩けるけれど、もの忘れがひどくてという方もいます。耳が遠くなってしまって電話ではうまく聞き取れないから「お手紙をくださいね」という友人がいたかと思えば、筆まめでちょくちょくお手紙をくれた方が「これからは電話でお話ししたい」と言うので、どうしたのと聞いたら、指が曲がりにくくなってしまいペンが持てないと。同じ年代であっても、老い方はひとりひとり違っているんですね。年をとって同窓会に出てごらんなさい、まるで老いの不自由の見本市ですよ。

和田　個人差が大きいというのは、高齢期の最大の特徴ですね。10代の人に100メートルを走らせたら、速いか遅いかというタイムの差はありますが、だいたいの人は走り切れます。ところが高齢になると、マラソンにチャレンジしている人がいたかと思えば、横断歩道を青信号で渡り切れないという人もいます。それどころか寝たきりの人もいます。人生のなかで、これほど個人差が出る時期はないというのが高齢期なんです。

樋口　ということは、年をとってからの生き方として、「人と比べてもしょうがない」ってことが言えると思うんです。日本人はわりと横並び志向で、目立つことをよしとしない傾向が強いと言われますが、高齢になったらもっと個を大事にしていいと思います。

85歳になったら人並みにボケようとか、90歳になったら寄る年波にヨボヨボになりたいなんて思う人はいないでしょ？　老い方は人それぞれ。だから、自分の老い方を受け入れて、その範囲のなかでどうしたら自分らしく生を全うできるかということが大事になると思うんです。

和田　おっしゃるとおり。それに加えて私は、年をとってむしろ毎日が楽しく充実していると感じられ、幸せを感じて生きておられる人を「幸齢者」と名づけました。これは年をとっても社会的地位が高いとかお金があるとかではなく、本人がどう感じるか次第のものです。高齢期というのは、今までのいろんなしがらみや常識みたいなものから解き放たれて、自由に生きられるときだ、と。

日本の高齢者は、「年をとったら、いい人間でなくちゃいけない」と思いすぎていますよ。若い人の邪魔にならないようにと小さくなっているように見えます。生きているのに、人生から引退してしまっているみたいにも見えます。

こんなことをしたら年甲斐《としがい》もないなどと思わずに、何でも挑戦したらいい。年をとってからの挑戦でいいのは、最高齢記録を更新できることです。高齢者が人生を楽しみ、笑顔でいることは、若い世代にとっても「こんなふうに生きられるんだ」という希望にもなります。戦中、戦後と苦しい時代を生き延びて、我慢することも多かった高齢者ですから、人生の最終コーナーはもっと好きなように、人生を楽しんでほしいと思います。

老いの実況中継で、古い高齢者像を壊したい

樋口　私の90代は始まったばかり。成長の伸びしろはないですが、老いの伸びしろはたっぷり。これからも、滑った、転んだ、けれど、まだできた、とつぶさに実況中継をしていきたいと思っています。

和田　大賛成です。特に「まだできた」というところがいいですね。僭越《せんえつ》ながら申し上げると、和式トイレで立ち上がれないということがあっても、講演をしてこんなテーマで語り合ったとか、こんな視点で本を書いたとか、そういう面を知ることは、多くの世代にとって希望になると思うんです。自分のできることを大切にして、それをもっともっと発信していっていただきたい。

今、高齢者のなかにも、ＳＮＳやＹｏｕＴｕｂｅで趣味や生活の知恵を発信する方も出てきました。認知症になった方も、地域の勉強会などに招かれて、認知症になってもこんなふうに生活を楽しんでいますということを語り始めています。高齢者がそういうことを発信してくれることで、「年をとるといろんなことができなくなる」という誤解を解くことにつながっていくと思います。

樋口　そうですね。「高齢者」とひとくくりにしてほしくないというならば、高齢者自身ももっといろんな生き方に挑戦していいと思いますね。個性に満ち溢れ、輝きを増す高齢期。人生の本番はこれからかも！　痛む腰をさすりながら、そう思っていますよ。

コラム

65歳になったら準備しておくこと

高齢期に必要な知識を身につける「第二の義務教育」が必要です——樋口恵子

長い高齢期を、社会の変化と自分自身の老いによる変化に対応しながら気持ちよくすごしていくにはどうしたらいいいか。私は「65歳の義務教育」が必要だと思っています。現在も、一部の大企業では定年前講習を開いているところもありますが、高齢者となるすべての人が、長い高齢期を生き抜いていくだけの知識を身につける機会が得られるべきだと思います。「義務教育」というのは、65歳になって高齢者の仲間入りをした人たちに役立つ教育をするのが、企業や自治体の責務だと思うからです。

高齢者になる前に、知っておくべきことはさまざまあります。まずは高齢期にかかわりの深い医療や介護、福祉とかかわる制度やサービスについて（62〜63ページの表2）。特に、介護保険や年金制度などは、具体的な手続きなども知っておくといざとい

「認知症かも？」

・認知症の人が受けられるサービスや介護についての相談
・認知症を診る医療機関の案内

「お金の管理が不安」

・成年後見制度や、社会福祉協議会の日常生活自立支援事業の利用相談
・悪質な訪問販売や消費者被害の相談

「地域で安心して暮らしたい」

・介護予防のための体操教室などの案内
・自治体の福祉や保健サービスの案内
・家事援助などを支援するグループの案内（シルバー人材センター、高齢者を支援するボランティアグループ、ＮＰＯなど）
・高齢者の生きがいづくりに役立つ、趣味やボランティア活動の案内

「これって虐待？」

・高齢者への虐待についての相談や対応

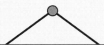

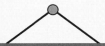

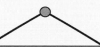

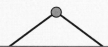

表2　65歳になったら「第二の義務教育」

高齢者の総合相談窓口
「地域包括支援センター」を訪ねよう！

地域包括支援センターは65歳以上の高齢者や家族などが利用できる「総合相談窓口」。
介護保険や福祉、保健、医療の必要なサービスを受けられるよう、保健師や看護師、社会福祉士、主任ケアマネジャーら専門職が無料で相談に応じています。お住まいの地域の地域包括支援センターにお問い合わせください。

「介護保険サービスを利用したい」

・介護保険サービスの利用相談、申請手続き
・要支援に認定された方の「介護予防ケアプラン」の作成
・要介護に認定された方の「ケアプラン」を作成するケアマネジャーの案内

うときにあわてずにすみます。

また、判断能力が不安になったときのために備えて、成年後見制度や社会福祉協議会の日常生活自立支援事業などについて知り、財産を守るのも大切なことです。高齢者虐待防止法というのもあり、暴力だけでなく介助放棄、心理的虐待など、何が虐待にあたるかの知識を知っておくのも重要ですね。

第二の義務教育というしくみがない現時点では、市区町村が設置している地域包括支援センターを訪ねてみるのもいい方法です。地域包括支援センターは身近な地域にあって、その地域で安心して暮らすために役立つ情報を得ることができます。介護が必要になったとき、認知症かもしれないと思ったときに、専門職が相談に応じてくれるのはもちろんですが、まだ元気な人のための体操教室や、地域の趣味のサークルなどの情報を得ることができます。

長く暮らしている地域でも、高齢者の視点で見直してみると、わからないことがたくさんあります。そのとき地域包括支援センターはとても役に立つ相談窓口です。ぜひ、65歳になったら、最寄りの地域包括支援センターに行ってみることをおすすめします。

第2章「老いる」「老いない」の分かれ道

サボっているのが楽ちんだと感じ始めたら、
僕はもう老いの始まりだと思うんですよ（和田）

自前の意欲は非常に心もとないですが、
人間関係があるからこそ
エイヤッと動けているんです（樋口）

「足腰」や「記憶力」より先に衰えるもの

和田　ところで樋口さん、最初に老化が始まるのはどこだと思いますか？

樋口　さて？　40歳前から老眼になったという話も聞きますが、私はわりあい目のほうは大丈夫で、今でも新聞はメガネなしで読めますし……。どこかしら？

和田　答えは、「意欲」なんです。年をとっても元気でいるために、筋力の低下や認知機能の低下を何とかして防ごうとする方が多いと思いますが、それよりも先に衰えるのが、意欲なんですよ。

樋口　意欲ねえ〜。なるほど、衰えますなあ〜。

和田　サボっているのが楽ちんだと感じ始めたら、僕はもう老いの始まりだと思うんですよ。

樋口　でも先生、私は昔から不精ですけど（笑）。

和田　まあね、そういう個人差もありますけどね。個人的な見解ですが、やっぱりマメな人より不精な人のほうが老《ふ》けやすいような気もします。けれど、そういう個人差があったとしても、年をとっていくと総じて意欲は衰えていく。不精じゃない人は不精になり、不精な人はますます不精になっていく傾向があります。

樋口　ちょっと怖いですね。

意欲の低下がいろいろな老化の引き金に

和田　歩くのもだるい、頭使うのもだるい、人と会うのも、遊びに行くのも、ましてや仕事するのもだるいとなって、何もしないようになると、老化は一気に進みます。逆に言うならば、意欲を保ち続けて、歩くことを続ける、頭を使い続ける、仕事を続けると、確実に老化は遅れると思います。

だから、ちょっとぐらい億劫《おっくう》に感じるからといって、簡単にいろんなものから引退しないほうがいいんです。家事や仕事、運転、趣味……老化を遅らせたかったら、引退してはいけないと僕は思っています。

樋口　そうは言っても、億劫なものは億劫なんですよ。ふうっ、おっくう～って、体中の細胞からため息が出ます。

和田　（笑）

樋口　俳優の草笛光子さんも89歳のとき、女性誌で「最近なんだか億劫になる」っておっしゃっていました。やりたい気持ちはあっても、それを実現するにはさまざまな障壁がある。それをあれやこれや考えると、本当に億劫でたまりません。

和田　89歳の草笛さんが最近になって億劫になってきたというのは、別の意味で驚くべきことです。ふつう意欲の低下は40歳くらいから始まり、70歳くらいで目立ってくるんです。草笛さんがいつまでも若々しい理由は、つい最近まで意欲があったからではないでしょうか。

樋口　「年とって、楽しいことなんて何もない」「いっそ早くお迎えに来てほしい」などとボヤいている高齢者はたくさんいます。まわりの人も受け答えに困ってしまいますが、こういう発言が増えるのも、意欲と関係があるんでしょうか。

和田　大いにあります。もしかしたら、老人性うつを発症している可能性がありますが、うつではない人でも高齢になると、意欲とかかわりの深い脳の前頭葉の働きが低下していきます。意欲がなくなって、日常に楽しみを見つけられないために、「早くお迎えに来てほしい」という発言になるのでしょう。

前頭葉は、側頭葉や後頭葉に比べて成熟するのが遅いのに、衰えていくのは早いと言われています。画像診断すると、40代ごろから萎縮が見えるようになり、放っておくとどんどん萎縮が進んでいくのが確認できます。これは病気ということではなく、老化にともなう現象なのです。

もの忘れをしたり、記憶力の低下が始まって、多くの方は脳が老化したなと心配したりするのですが、実はそれ以前に、前頭葉では老化が進み、それによって意欲の低下が起こります。つまり、順番としては先に「覚える意欲」が低下し、その後、記憶力も低下していく。覚える気力がないから、覚えられなくなるということです。

この前頭葉は、意欲のほか、思考、創造、理性などにかかわっています。怒ったり、泣いたりするような原始的な感情ではなく、より高度で人間的な、好奇心や感動、共感、ときめきといった微妙な感情を担っているんですね。この部分が衰えると、意欲が低下したり、感情のコントロールが利かなくなったり、想定外の出来事に柔軟に対応するのが難しくなったりします。

僕は、人間という種が、ここまで勢力を拡大し、変化に対応しながら生き残ってこられたのは、この前頭葉が発達したからではないかと思っています。脳の大きさだけでみると、クジラなど人間より脳の大きい動物はいますが、前頭葉がこれほど発達しているのは人間の特徴です。大きな前頭葉があったからこそ、人間は地球の環境の変化や、社会や価値観の変化、技術革新などの変化にも対応して生き延びることができたのではないでしょうか。

樋口　年をとると、変化に対応して生き残るための脳が衰えてしまう。だから、新しい技術や世の中の変化についていけず、取り残されたような気分になるんですね。意欲の低下は、記憶力の低下以外にどんなことを起こすんですか。

和田　意欲の低下は、いろんな老化を進めます。歩くのが億劫、外出するのが億劫だといって家のなかに閉じこもってばかりいると、足腰の筋力が弱くなってしまいますね。はじめは「歩かない」状態が、足を使わないことで「歩けない」体になっていくのです。これを廃用症候群と言いますね。

外出しなくなると、人と会って話したりする機会も減ります。人と話すには脳を使いますし、楽しく話すにはいろんな話題に興味を持っていたり、話の組み立てても練らなければなりません。人と会って話す、これだけでもかなり脳の老化予防になるのです。なのに、意欲が低下してしまうと、外出も、人と会う機会も減って、要介護状態へとまっしぐらなのです。

樋口　やっぱり、人間がいきいきと活動するおおもとは、意欲なんですね。

和田　高齢になってもいきいきしている人は、病気にならないように健康に気を使ってきたという人よりも、好きなことをやって生きていて、気がついたら90歳を過ぎていたという人のほうが多いのです。車いすになっても、多少のもの忘れがあっても、やりたいことをやるという意欲があれば、心は若々しく、はたから見ても楽しそうにしています。そうやって最後までやりたいことをやって生きた人は亡くなるときに「あれをやっておけばよかった」と後悔することなく、自分の人生に納得してこの世を去れるように思います。

しかし、今の高齢者を見ていると、そういう人のほうが少ない。体はまだまだ元気なのに、「もう年だから」と早くも人生から引退してしまっている人も多くいます。

せっかく長生きの時代になったのに、人生を楽しまないなんてもったいないことだと思います。

「いつもと同じ」は要注意

和田　前頭葉が衰えてくると、気づかないうちにある行動パターンに陥ります。それは、次ページの表3に挙げた、昔と比べていろいろ試すことに腰が重くなった、行きつけの店しか行かない、行きつけの店の同じ料理ばかり食べている、いつも同じ道を通って帰る、同じ著者の本しか読まない……などのワンパターンの行動です。どうでしょうか、思い当たりませんか。

ワンパターンの行動は、予期せぬ出来事も起きません。初めてのことにドギマギしなくていいですし、失礼な対応をされてカチンとくることもない。前頭葉を使わなくてもいいので楽ちんなんですが、これが前頭葉の機能の低下を進めてしまいます。

樋口　年をとって頑固になるっていうのも、新しいやり方に対応できないことへの防衛反応みたいなものなんですね。なのに、まわりからゴチャゴチャ言われて責められ

表3　前頭葉が衰えていると起こりがちな症状

- ☑昔よりイラっとすることが多くなった
- ☑最近、何かに感激して涙を流すことがない
- ☑新しい環境やものごとに対して、抵抗を覚えるようになった
  - 例 ●昔と比べていろいろ試すことに腰が重くなった
  - ●行きつけの店しか行かなくなったり、同じ料理ばかり食べている
  - ●いつも同じ道を通って帰る
  - ●同じ著者の本ばかり読んでいる　など
- ☑「若い人の気持ちがわからない」と思うようになった
- ☑性欲がかなり減退している

ると、感情を抑え込めなくなって怒りを爆発させちゃう。

和田　高齢者が突然キレるというのも、前頭葉の機能の低下とかかわっています。こんなことを言ってはいけないとか、怒ってはいけないというブレーキが緩んでしまうのが原因なんです。高齢者が特別怒りっぽいということではなくて、以前だったら抑えられた怒りを、抑えにくくなるということなんですね。

樋口　私もついこのあいだ、怒りではないけれど、心の底にある願望がつい口から出ちゃって、あわわと焦りまし

た。まわりに気づかれずにすんでよかったんですけれど、それもブレーキが緩んでいるんだわ。気をつけなくちゃ。

和田流・意欲がよみがえる前頭葉の鍛え方

樋口　今、高齢者も筋肉が衰えないように、筋トレをしましょうって盛んに呼びかけていますね。筋肉は筋トレすれば衰えを防ぐことができますが、意欲が低下している人は何をしたらいいですか。私でも意欲を取り戻すことってできますか。

和田　前頭葉は、一度萎縮してしまうと元の状態に戻すことはできません。けれど、刺激を与えれば前頭葉の働きをよくすることができます。意欲は取り戻せますよ。

樋口　やっぱり計算とかパズルとかがいいんですか。

和田　計算やパズルを解いて鍛えられるのは頭頂葉と言われています。また、難しい本を読んで鍛えられるのは、言語情報を処理している側頭葉というところです。今話題にしている前頭葉はおもしろいところで、意外にも知能には関与していないようなのです。

昔、ロボトミーという凶悪な手術がありました。この手術で前頭葉を切り取られた人は、知能テストの点数は1点も落ちませんでしたが、感情が消失し人間性を奪われてしまいました。精神の殺人とも言われ、今は禁忌とされている手術です。ちなみに、そのロボトミー手術を行った医者のモニスは1949年にノーベル生理学・医学賞を受賞しているわけですが、手術によって廃人になった当事者や家族は受賞取り消しの運動を行っています。

この前頭葉を鍛えるには、僕は次のような習慣や頭の使い方をするのがいいと思っています。

和田流1 ものごとを両面から考える

新聞やテレビ、雑誌などにある誰かの意見を鵜呑《うの》みにせず、「そうかもしれないが、別の見方もあるよね」と、いろんな面からものごとを考えることが大切です。そういう意見も一理あるなと思ったり、いや、ここは違うのではないかと考えると、思考の幅が広がります。日本人は、物知りな人を頭のいい人と考えがちですが、知識だけなら、スマホがあれば誰でも検索できます。前頭葉を使い、知識を、自分の経験や自分なりの思考法でとらえ直し、発展させていけるのが、本当の賢さだと思います。

和田流2　自分の考えを言葉で表現する

長年、東大生、京大生にいちばん読まれた本『思考の整理学』（ちくま文庫）の著者として知られる英文学者の外山滋比古《とやましげひこ》さんは、96歳で亡くなるまで頭を使い続けました。

その外山さんが年をとってからの勉強法としてすすめていたのが、インプット型の勉強ではなく、アウトプット型。アウトプット、つまり、自分の考えを言葉にすることです。それには人とのおしゃべりがいいんですね。本を読んだり、ドラマを見たりしたあと、よかったなと心のなかで思って終わりではなく、どんな内容でどう感じたかを言葉にするのは、かなり頭を使います。しかも、話す相手が、自分と違う意見を持つ人ならなおのことよし。ああでもないこうでもないと意見を戦わせるのがいいんです。アウトプット術について、１０２ページのコラムもぜひ参考にしてください。

和田流3 いつもと違うことにチャレンジする

いつもと同じことをするのは楽ちんですが、前頭葉は鍛えられません。知らない店に入ってみる。知らない道を通ってみる。知らない食材を使って料理を作ってみる。いつもと違うことをするドキドキハラハラが、前頭葉を刺激します。

先日、世界最高齢プログラマーとして注目されている若宮正子さんと対談しました。すごく意欲的な方ですばらしいなと思いました。定年目前に初めてパソコンを購入し、81歳のときには高齢者向けのアプリが少ないとわかり自ら開発します。新しいことに挑戦する姿勢があるから、いつまでも若々しいんですね。

樋口流・意欲を低下させない他力本願作戦

樋口 あっ若宮さん、よく存じ上げていますよ。私たちの「高齢社会をよくする女性の会」の会員になってくださっています。

それに比べて、私自身は新しいことに挑戦することがめっきり減ってしまいました。本当は海外に新しい取材に行きたいところですが、外国へは80代前半でスウェーデンに行ったきり。それ以後、腰が重くなってしまって……。ただ、億劫だ~、面倒くさい~とばかり言っていると本当に何もできなくなってしまうので、自分なりに工夫していることはあります。それは、次のように他人の力や状況をうまく利用すること。他力本願作戦ですね。

樋口流1 人に誘われたら、エイヤッと受ける

私は東京育ちで、今も東京に暮らしております。そうすると小学校、中学校、高校、大学の友人がわりと近くにおりますし、ご近所さんとも馴染《なじ》みの関係ができています。人間関係には恵まれているんですね。おかげで、みなさんからお誘いをよく受けますが、毎回お断りするのも気が引けるので、ついつい受けることに。その結果、重い腰を上げざるを得なくなる。

自前の意欲は非常に心もとないですが、こういう人間関係があるからこそエイヤッと動けているんです。

樋口流２ 億劫でも予定を入れる

ありがたいことにこの年になっても、仕事の打ち合わせや取材など、「やらなくてはいけないこと」があります。助手たちは、私が疲れないように仕事を断る係ですが、そのスキを狙って、私は仕事を引き受けたがります。

日常のやらなきゃいけない小さなことでも、予定としてカレンダーや手帳に書き入れると、書いたんだからやらなくちゃという気になります。そして、遂行できたら、自分にハナマルをあげます。

樋口流３ おしゃれで心をウキウキさせる

私はあまりお化粧はしませんが、すてきな洋服やスカーフを身にまとうと、気分がウキウキします。年をとってこぎれいにしていることは大事ですが、特に人と会ったり、外出したりするときには、おしゃれをして自分の心を鼓舞しています。かつての美人も不美人も、ある程度の年齢になったら関係なし。堂々とおしゃれを楽しんでいきたいと思っています。

樋口流4　やっぱり人と話すのは楽しい

秘訣でもなんでもないのですが、私はやっぱり人と話すのが好きなんです。特に、ジェンダーや介護の問題などいろいろなテーマで議論して、相手にイジワル言って、ギャフンと言わせられたときの快感といったらありません。その後、おたがいに笑い飛ばせる、こだわりのない関係も、何ものにも代えがたいものです。こういう人とのつながりの楽しさを知っているからこそ、億劫でもまた人に会いたくなるんですね。

日本はそもそも前頭葉不全社会

和田　前頭葉は年とともに萎縮するというお話をしましたが、日本は年齢関係なしに、前頭葉をあまり使わないでも生きていける社会なのではないかと思っています。むしろ、前頭葉を使っていない人のほうが社会的に評価されやすいのではないかとも思えるほどです。

たとえば、教師に言われたとおりに宿題をやるのが優等生と言われ、いい大学に入れたりする。大学に入ったあとも、教授の言ったとおりのことを試験レポートに書いている学生が優をとれる。会社でも、人と違う発想をする人が出世するのではなく、上司の指示に従い、イエスマンであったほうが、出世しやすいようなところがあります。

そもそも日本と海外では教育に対する考え方が異なります。オックスフォードやイエール、ハーバードといった海外の大学では、入試面接はアドミッションオフィス（編集部註　大学内における入学関連の業務を行う部門）の面接官が務めます。そして、教授に逆らいそうな学生を採るそうです。授業でもなるべく教授の言っていることとは違う、自分の意見を持てるような学生を育てようとします。それに対して、日本の大学では、教授が入試面接を行い、教授に従いそうな学生を合格させます。そこで育つ学生も、教授の言うことを踏襲するようになります。

このような前例踏襲型の日本では、世の中を前進させていく発明や革新は生まれにくい。日本の医療を支える医師たちも、全国82のすべての医学部で入試面接があるため、教授に従いそうな学生が医学部に合格するので、今の〝常識〟とされる学説に疑問を持たないまま、前例踏襲型の医療を続けていく人材が育ってしまいます。教授は何十年も医局に君臨することになるわけですから、その間、下の人たちは反論できません。その結果、日本の医療は立ち遅れてしまうのです。

日本の未来を左右するのも、前頭葉をずっと使ってこないでいい大学を卒業したエリート官僚たちです。前例のない超高齢社会を迎えた日本をどうするかというときに、前頭葉不全社会のツケが高齢者に向かっているように思えてなりません。

老人性うつを初期症状でチェック

和田　意欲の低下を訴える高齢者のなかで、注意しなければならないのは、老人性うつや認知症の人が紛れている可能性があることです。

特に、老人性うつは、高齢者を診てきた精神科医の私が、もっともなりたくないと考える病気です。意欲が低下し、何も興味を持つことができず、ひたすら「生きていてもしょうがない」と自分を責め、死を願いながら生きていくという苦しい病気だからです。

老人性うつになると、家に閉じこもるようになり、テレビの前で一日ぼうっとすごすようになる。そんな生活が続くため、身体機能や認知機能は低下します。認知症を併発する人もいれば、筋力が低下してほとんど動けなくなってしまう人もいます。

うつには、幸せホルモンと言われる神経伝達物質セロトニンの不足がかかわっています。高齢者はこのセロトニンの量が減るため、若者よりもうつが多いのです。老人性うつは、抑うつ気分の人も含めれば、日本に３００万人いると推測されています。高齢者の人口が３６２３万人（２０２３年）であることに比べれば12人に１人、いかに多いかということがわかるでしょう。アメリカの研究ではさらに多く、うつ状態の人は65歳以上の15％を占めるとも言われています。

樋口　実は、私、あれは老人性うつだったかも、という体験をしましてね。

和田　いつのことですか。

樋口　家の建て替えをせざるを得なくなった84歳のときです。40年ほど前に建てた家の雨漏りがひどくなり、耐震検査で今度震度5以上の地震が来たら倒壊すると言われ、やむなく建て替えに踏み切りました。木造建築の耐用年数は30～40年と言われておりまして、40歳ごろに連れ合いと建てたときには、まさか自分が家の寿命より長生きするとは思っていませんでした。

いちばん大変だったのは、大量のモノの整理です。仕事柄、たくさんの書物や資料がありますし、おしゃれが好きなので洋服やスカーフもたくさん。それらのひとつひとつに目を通し、処分するものは処分しました。実際にやってみると、これほどモノを処分することがつらいとは。自分の分身を捨てるような思いをしました。片付けというと断捨離がもてはやされますが、私の場合は喪失感のほうが大きかった。「片付けうつ」とでも名づけましょうか。

もうひとつ心を苦しめたのが、高額の出費です。2番目の夫は70歳目前で他界しましたので、おひとりさまになった私は、将来有料老人ホームに入るつもりでコツコツと入居資金を蓄えてきました。それがいっぺんでパアに。これからどうして生きていったらいいものかと途方にくれました。人生は思いどおりにはいかないものですが、年をとってからの誤算は、本当に痛手が大きいですね。

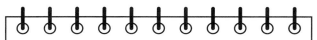

表4　老人性うつの初期症状

自覚症状

- ☑やる気が出ない
- ☑集中できない
- ☑もの忘れが増えた
- ☑疲れがとれない
- ☑不安な気持ちが続く
- ☑ものごとに興味がわかない
- ☑眠れない、朝早く目覚める
- ☑食欲がない
- ☑頭痛や肩こりなどの体の痛みがある

周囲が感じやすい症状

- ☑いつもだるそうにしている
- ☑表情が暗い
- ☑反応が遅い
- ☑口数が極端に減った
- ☑部屋に閉じこもっている
- ☑寝てばかりいる
- ☑涙もろくなった
- ☑着替えをしなくなった
- ☑化粧をしなくなった
- ☑入浴しなくなった
- ☑好きなテレビ番組さえ見なくなった
- ☑よく出かけていたのに出かけなくなった
- ☑飲酒量が増えた
- ☑自分を責めてばかりいる

初期症状の項目（85ページの表4）を自分でチェックしてみましたが、「やる気が出ない」「集中できない」「不安な気持ちが続く」「ものごとに興味がわかない」という項目が該当しました。「もの忘れが増えた」「眠れない」「食欲がない」「頭痛や肩こりなどの体の痛みがある」は△くらいですが、毎日が色を失ったようでした。精神科の先生に診てもらったわけではありませんが、自分で自分を振り返ってみるに、おそらく老人性うつだったんじゃないかなと思っているんです。

引っ越しや栄養の偏りもうつの原因に

樋口　私の場合、助手たちが心配して、「大丈夫、あの資料は捨てていません。どこにあります」とか、「お金はまだこれだけありますよ」と言って励ましてくれましたね。そのうち、新しい家を建てたというので取材が来て、原稿を書く仕事もちょくちょく入るようになり、それがいちばんの薬になりました。仕事をしているときには不安も少し和《やわ》らぎますが、しばらくするとまた落ち込み、またまた元気になるのくり返しで、今に至っています。

和田　うつになるきっかけで多いのは、まさに樋口さんのような家の建て替えや引っ越し、経済的不安などによる大きなストレスを感じたときです。配偶者やペットとの死別、自身の病気といったことも引き金になりやすい出来事です。これを「心因性」と言います。

注意したいのは、外出しなくなってセロトニンの量が減ったり、栄養が偏ったりすることでもうつは起こります。こちらは体に由来するために「身体因性」と言っています。

高齢者では心因性も身体因性も起こりやすい。高齢者はうつの危険がいっぱいです。だからこそ、85ページの表4にある、やる気が出ない、不安な気持ちが続くといった症状や、体の痛みなどの身体的な症状が見られたら、高齢者を診ている精神科医に相談してほしいと思います。早期であれば、抗うつ剤で治すことができます。うつは再発しやすいので高齢者は少量の薬を飲み続けることが多いですが、認知症と違って治る病気なので見過ごさないようにしてほしいですね。

老人性のうつと認知症の症状は、もの忘れや風呂に入らなくなるなど似たところがあります。ただ、見分ける方法はあります。うつはいつから始まったというのを「ああ、あのころから」と、ご本人やご家族が気づいていることが多い。樋口さんの場合もそうでしたね。一方、多くの認知症は、いつ症状が始まったかはっきりしません。

認知症を必要以上に恐れすぎない

樋口　認知症も気がかりです。２０２５年には認知症の人が７００万人となり、65歳以上の５人に１人が認知症と言われています。こういうデータを聞くと、高齢者はもの忘れがあるたびドキッとするんじゃないでしょうか。以前、脚本家の橋田壽賀子さんが「認知症になったら安楽死したい」と発言して物議をかもしました。認知症への不安と、どう向き合っていくかというのも課題になっていますね。

和田　みなさんが認知症を恐れるのは、「認知症になったら、何もわからなくなる」「認知症になったら人生おしまいだ」と思っているからだと思います。はっきりと言いますが、認知症になったからといってすぐに「何もわからなくなる」ということはありません。もちろん、「人生おしまい」でもありません。

認知症の6割を占めるアルツハイマー型認知症は、脳の神経細胞に脳のゴミのようなアミロイドβというタンパクなどが、10年、20年という長い時間をかけて沈着し、脳が変性していくことにより発症するとされています。たいていの場合、進行はゆっくりなので、診断されてすぐ突然、生活が一変するということはありません。自分の名前がわからなくなったり、人と会話が成り立たないといった、コミュニケーションがとれない状態に陥るのは、発症から少なくとも5年ほどかかると言われています。認知症を「病」と考えるより「老化」のひとつと考えたほうがいい、と私は思っています。

２０２３年9月に、脳のゴミを取り除くというアルツハイマーの新薬の製造販売が承認されました。日常生活の機能回復や症状の進行を多少遅らせる効果はあるとされていますが、軽度の場合が対象で、適用になる人が限られるなど、すべての認知症の人に効果があるとは言えません。現時点ではできるだけ生活を変えず、今までできていたことを続けていくことが、進行を食い止める最もいい方法です。料理ができる人は料理を、ガーデニングが好きな人はガーデニングを、友人とカラオケに行っていた人はそれを続けるなど、生活を楽しむことがいちばんの薬です。

最近は前述のように、認知症になったご本人が顔を出して、どんな思いで、どんな生活をしているのか発信することが少しずつ増えてきました。それを見ると、認知症になってもできることはたくさんあります。自分でもの忘れがあることを自覚して、買い物に行くときは何を買うかメモを活用したり、スマートフォンのリマインド機能を活用して薬の飲み忘れを防いだり、といった工夫をしている認知症の人もいるのです。

また、長年の経験で身につけた技は認知症になっても忘れないことが多いので、すごい技を持っている町工場の職人さんや、農業や漁業を長くやってきた方は、若い人には真似のできない熟練の仕事ぶりを発揮したりします。たとえ、その日が何月何日か正確に答えられなくても、９＋９の足し算ができなくても、得意な能力はすぐには失われません。

認知症医療の第一人者に、長谷川和夫先生という医師がいました。「長谷川式認知症スケール」という早期診断の検査テストを考案したり、「痴呆症」という侮蔑的な病名を現在の「認知症」に変えたことで知られています。長谷川先生は、88歳のとき認知症であることがわかりましたが、認知症であることを公表し、もの忘れはするけれど、こうして話せるんですと日本各地を講演して回りました。「認知症はちっとも不幸なものではない」と、身をもって示されたのです。

高齢になったら「人の手を借りる力」を磨く

樋口　長谷川先生とは、病院と地域をつなぐ中間施設（介護老人保健施設の前身）をつくる委員会でご一緒でした。ほんとうにいろんなことを教えていただいて、すばらしい方でした。

私はもし認知症になったら、長谷川先生のように公表しようと考えています。「まわりに隠さないで、友人や隣近所に告げて、できるだけ公的援助を受けてほしい」と娘にも言ってあります。公表するかしないかは個人の自由ですが、家族が認知症であることを隠しての「かくれ介護」が増えると、外に向けて助けてと言えない家族が悲惨な末路を遂げたりと世の中暗くなるばかり。社会学者の上野千鶴子さんからも、私のように「老い」をテーマに仕事をしてきた者には、自身の老い方を公表する責任があると言われ、なるほどと納得しました。

和田　私もそれはいいことだと思います。認知症であることを公表することで、協力者が増え、暮らしやすくなります。80代以降は「老いを受け入れる時期」で、補聴器や杖、車いすといった道具を上手に利用することが大切と述べましたが、道具を上手に利用することと同時に、うまく「人の力を借りること」も必要になってくると思います。

日本人は「人に迷惑をかけてはいけない」という思い込みが強く、それはある意味で立派なことですが、年をとったときにはマイナスに働きます。うまく人の力を借りる能力は、老いを生きるうえで、ぜひ身につけてほしい能力です。

樋口　人にお願いする力ですね。私は「依存力」と言っていますが、すごく大切なことだと思います。本当は助けてほしいんだけれど、自分からその状況を説明せず、何となく雰囲気で察してほしいという人がいます。勘のいい人が近くにいたら手を貸してくれるでしょうけれど、ほとんどの場合は手を貸してくれません。当たり前ですね、助けてほしいと伝えていないのですから。その結果、勝手に「誰も助けてくれない」と落ち込んだりします。

依存力というのは、ただ人に甘えるというのではなく、きちんと自分の状況を人に伝えて、なおかつ自分と他者との関係のなかで失礼にならないように、どうしてほしいか的確に伝える能力も含まれるんじゃないかしら。その結果、相手が手を貸してくれたら、「ありがとう」とお礼を言うし、ダメな場合でも理由を聞いて、あとくされなく引きます。

お金で解決できることなら、それもひとつの解決方法です。誰か助けてくれるのを期待して待っているのではなく、自分からオープンにかかわっていくという姿勢が大切なのだと思っています。

と、そんなことを言いながら、一方で介護される身になることに、強い抵抗があるのも私です。一時デイサービスを利用していたとき、理学療法士から「ヒグチさん、介護されるのは嫌ですか」と聞かれました。「嫌かもしれません。介護されるほうは『好きで介護される身になったんじゃない』と、いつも悲しい思いをしていると思いますから」と答えました。

われながら、かわいげのない答えでした。でも、いつかは介護される身になることはたしか。これから、ケアされる身になったとき、しっかりと「ありがとう、お世話かけました」と言えるように、依存力を高め「ケアされ上手」にならなければと思っています。

淡々と動じない市川房枝先生のお姿

樋口　今ちょうど市川房枝先生の新しい評伝を読んでいるところで、70代、80代のころの市川先生のことを思い出していました。当時も変わらず女性差別撤廃、地位向上のために駆け回り、さらに国際社会に目を向けて、日本の状況を変えようとものすごい情熱を燃やしていらっしゃいました。ご自身の老いがどうのという話は一度も聞いたことがなかったように思います。

亡くなる4～5年ほど前だったかと思いますが、NHKラジオの名古屋放送局でふたりの対談を収録するということになり、私が市川邸までお迎えに上がり、車で放送局にお連れするという命を受けました。

よろしくお願いしますと、お迎えに上がったとき、なんと市川先生の頭が包帯で真っ白なんです。どうなさったんですかとうかがうと、前日、階段から落ちて5〜6針頭を縫ったというのです。包帯で隠れて傷は見えませんが、あまりにも痛々しい。

このままNHKに向かってよろしいんでございますかと、うろたえる私に対して、ご本人は「医者が手当てしてくれ、急所は外れているのでこのくらいの仕事は行っていいと言われたから、行きましょう」と言って、さっさと車に乗り込んでしまったのです。しまいには「本当によろしいんでございますか」としつこく聞く私に、「本当によろしい」ときっぱり。

収録は大きめの帽子をかぶって行われましたが、それ以外は何ごともなかったように、淡々と行われました。

私は市川先生が立派な方であることは理解しているつもりでしたが、このときばかりは人格的に圧倒されました。こんなけがをなさっても、強がったり、過小評価したりせず、医師という専門家の意見を真正面から受け止めて、それ以上にもこだわらず、それ以下にも無視せず、毅然《きぜん》と構えていらっしゃいました。そのすばらしさは、今の私が市川先生の年齢を経験して、本当にわかるようになったのだと思います。その日の対談もすばらしい内容でした。

そうそう、別のとき市川先生にイッセイミヤケのパンタロンスーツを着せようと企てたうちのひとりは私です。長身でしっかりした骨格の市川先生はきっとよく似合うと思って。その写真が『アサヒグラフ』にも載ったんですよ。

私も、淡々と無視せずという老いの受け止め方を目指しているのですが、なかなかそうはいきません。

「自分の老いが気に入らない」からの脱出

和田　年とともに変化していく自分にどう対応していけばいいか、難しいことです。去年は簡単にできたことに、今年は四苦八苦している。若さや健康、能力、プライド……失うことの寂しさに落ち込んだり、いら立ちを覚えたりするんですね。

樋口　高齢者は総じて怒りっぽい。なぜなんだろうと思ったとき、それは老いていく自分が気に入らないからだと思うんです。94歳の知人は、お医者さんに「あなたは100歳まで大丈夫」と言われて、プリプリ怒っていました。「どうやってあと何年も生きるのよ、楽しくもないのに……」と。デイサービスで「人前で裸になるのは嫌だ」と怒っている認知症の人の話も聞きました。

私にも身に覚えがあります。診察室でお医者さんに質問されて、マスクごしだったこともあり、よく聞き取れませんでした。耳も遠くなっていますしね。適当なことを言ってごまかしましたが、当然、会話は成り立ちません。結局、そのお医者さんは助手のほうを向いて話し始めました。

ふたりのやりとりは私の頭の上を飛び交い、なんとも不愉快でプリプリしながら、帰り道、「そりゃ、話し相手は若くてきれいなほうがいいでしょうよ。でも、患者は私です」と助手に言いました。すると助手はきっぱり言うのです。「聞こえないなら何度でも聞き直したらいいんです。耳が遠いかどうかはお医者さんにはわからないし、理解できていないと思われることもありますからね」

ハッと気がつき、反省しました。カッコつけて、聞こえないのに聞こえるふりをして、勝手に不愉快な思いをしていたのは私のほうだったのです。初めから、老いていく自分を受け入れるのは難しい。けれど、こんな経験を少しずつくり返して、だんだんと成長していくように思います。

意欲を高める男性ホルモンの増やし方

和田　「どうせオレなんか」といじけた気持ちになったり、「何もできなくなって不甲斐ない」と自分を責めたりする。それは老人性うつの可能性もありますが、うつではないまでも、セロトニンが不足していることが原因かもしれません。

セロトニンは「幸せホルモン」と呼ばれ、幸福感を高め、免疫力を上げる効果があります。セロトニンは食べ物からもとることができます。私は、特に高齢になったら肉を食べることをおすすめしています。樋口さん、肉は食べますか？

樋口　何でもいただきますよ。

和田　年をとると肉を控え野菜中心の食事をする人が増えますが、できれば積極的に肉を食べてほしいと思います。タンパク質が豊富で、特に赤身には必須アミノ酸のトリプトファンが含まれています。トリプトファンは体内に入り、セロトニンに変化します。

魚のほうが健康にいいと思われていますが、僕が肉をすすめるのは肉のほうがコレステロールが多く含まれているからです。コレステロールというと敬遠されがちですが、日本はコレステロールがリスクファクターとされる虚血性心疾患で亡くなる人がOECD加盟の38ヵ国のなかで格段に少ない国です。

動脈硬化を恐れるあまり、コレステロールが不足すると、男性ホルモンが減少するというよくない結果になります。男性ホルモンは性欲だけでなく、意欲にかかわります。男性ホルモンは40歳くらいから減ってきて、特に男性では減り方が大きくなります。

男性ホルモンというと、女性は関係ないと思っている方がいますが、そんなことはありません。更年期以降の女性は、女性ホルモンは減るけれど男性ホルモンが増えます。この年代の女性が旅行や山登り、スポーツなどを元気に楽しんでいるのは、男性ホルモンのおかげかもしれません。女性ホルモンは、男性ホルモンのテストステロンをもとにして作られているのです。女性ホルモンの産生が低下した更年期以降も、健康やいきいきした生活には不可欠なホルモンなのです。

男女ともに男性ホルモンが減少すると、異性への関心がなくなるだけじゃなくて、人間への関心がなくなって、人づきあいが億劫になってきます。好奇心やリーダーシップ、競争心も衰え、認知機能、運動機能の低下、筋肉や骨の質の低下も心配されます。このような大事な働きをする男性ホルモンを作るのが、コレステロール。だからこそ、肉を積極的に食べてほしいのです。

いい睡眠のために日中にすること

和田　もうひとつ、気持ちを明るくするためにおすすめしたいのが日中の散歩です。セロトニンは強い光を浴びることで作られます。太陽の明るい光を浴びて明るい気分になるのはセロトニンの作用なんです。私は朝30分、散歩をしていますが、上半身も意識して歩けば、全身の筋肉が刺激され、脳も活性化します。

セロトニンは、夜になると、睡眠をうながすメラトニンという物質に変化します。

メラトニンが増えることで、自然に睡眠へと移行できるのです。睡眠は、脳にたまった老廃物を排出する大切な時間なので、睡眠が不足するとアルツハイマー型認知症の原因となるとされるアミロイドβの蓄積が進むことが知られています。

高齢になると、なかなか寝つけない、途中でトイレに起きる、早朝から目がさめてしまうなど、睡眠の悩みが多くなりますが、日中に太陽を浴びることと、適度に体を動かすことによる疲労感が、自然の〝睡眠薬〟になってくれる可能性があります。

気持ちが晴れないときに、無理やり明るい気分になろうとしてもなかなかそうはいきませんが、肉を食べたり、日中に散歩をしたりすることでセロトニンが増え、それが心を守ってくれるのです。

心が健康なら、何か楽しいことをやってみよう、という意欲も自然とわいてきます。認知症予防のために何かしなければならないというルールを決めると、義務感が生じて窮屈になってしまいますが、心が弾むこと、楽しいと思えることをすれば、意欲の低下や心の老化を防ぐことになるんですよ。

コラム 老いを遠ざけるアウトプット術

若々しい脳をつくるのは、インプットよりアウトプットの習慣です——和田秀樹

高齢になっても脳が若々しい人は、頭を使っています。「頭を使う」というと、本や新聞を読んで知識を増やす「インプット」を想像するかもしれませんが、脳を有効に働かせるのは、知識を人に話したり、文章にしたりする「アウトプット」のほうです。脳にとってよくないのは、一日中テレビの画面をぼうっと眺めていたり誰とも話さずにいたりすること。アウトプットする機会は、身近な生活のなかにたくさんあります。

❶一日の出来事を人に話す

小説や映画の感想などをうまく人に伝えられるというのは、かなりの上級者。まず

は、今日あったことや、今日知ったことについて「こんなことがあったんだけど……」と人に話してみましょう。相手に伝わりやすい言葉や話す順番を選び、できたら楽しく、ドラマチックに伝える工夫もしてみましょう。

❷ SNSを活用する

その日の出来事を日記に書くのも、立派なアウトプットです。日記帳に記録するのもいいのですが、私はSNSの活用をおすすめします。SNSのいいところは、人の目に触れること。見る人がいることで、他者へ伝えようという意識が高まります。

またレスポンスも期待できるので、それが新たなアウトプットにつながります。ただし、レスポンスがこなくても落ち込まず、書き続けることが大切です。やがて、SNSへの投稿をまとめて、本を出すことを目標にしてもいいですね。

❸質問する

講演会に行ったり、テレビの記者会見を見たりしたら、自分も質問者になったつもりで質問を考えてみましょう。わかっていることとわからないことの情報を整理し、なおかつ他の質問者と重複しないようにしなければならないため、かなり頭を使います。

❹俳句やギャグを作る

趣味で俳句や川柳、短歌を始める人が多いですが、限られた文字数で言葉を選び、表現するこれらも奥の深いアウトプット術です。ちょっと赴きが違いますが、オヤジギャグの創作も楽しい言葉遊びのアウトプットです。

「医者に嫌われないようにする患者」ではなく、
「医者に怖がられる患者」
になってもらいたいと思います（和田）

第3章
医者と91歳評論家が語る「いい医療の見分け方」

いい意味のしたたかさを、チラ見せしたいわね（樋口）

高齢者に必要なのは専門医より総合診療医

樋口　年をとると医者にかかる機会が増えていきますが、いい医者に出会えるかどうかで、その後の生活の質と言いますか、充実度も違ってくるように思います。でも、その「いい医者」っていうのがクセモノでね。高齢者にとっての「いい医者」の定義ってなんなんでしょう？

和田　まず、大前提として言えることは、今は超高齢社会ですから、ひとりでいろんな診療科を診ることができる総合的な視野を持つ医者がいい医者だと思います。

１９７０年当時、日本は人口に占める高齢者の割合が７％だったんです。７％を超えたことで、日本は初めて高齢化社会になりました。そして、94年に14％になって高齢社会になり、２０１０年には超高齢社会の定義とされる21％を超えて23％となり、そこからさらに伸びて、現在の高齢化率は29・１％です。

人口構成が若かったころは、40代、50代の患者さんが多数を占めました。この年代の人たちはひとりで病気をいくつも抱えているということはほとんどないので、臓器別の専門診療科でうまくいっていました。医学も、臓器ごとに専門性を高めていく方向に向かって正解でした。

ところが、高齢者が多い時代になると患者さんも70代、80代が増えてきました。高齢の患者さんの特徴は、高血圧で内科を受診し、骨粗鬆症《こつそしょうしょう》や腰痛などで整形外科を受診し、過活動膀胱《ぼうこう》で泌尿器科を受診し……というようにひとりで複数の病気を抱えることになります。そうしたなかで、それぞれの診療科の医者が診療し、薬を出すと、しぜんと薬の量が増えます。なかには複数の薬の相互作用によって不具合が生じたり、低血糖や意識障害を起こすこともあるのです。たとえ内科の医者であっても、自分の専門だけに閉じこもっていては、現実の患者さんに対応しきれなくなります。

こんな例があります。ある高齢者が、心不全を診てもらっている医者に、「最近、胸のあたりが痛い」と訴えました。いろいろ調べても原因がわからず、医者は「あまり気にしないように」と言って診療を終えました。その患者さんは変形性膝関節症があり、別の病院の整形外科に通い、痛み止めの薬を処方されていました。実は、胸のあたりの痛みは、痛み止めの薬の副作用によって胃に潰瘍ができたことが原因だったのです。

ある日、血液を含む吐瀉物《としゃ》を嘔吐して救急搬送され、ようやく原因がわかったというのです。こうした例でも、総合的な視野を持つ医者がいれば、胃潰瘍を悪化させることは防げたかもしれません。

樋口　現代は高齢社会ですから、当然、そういう総合的な視点を持つお医者さんはたくさんいるということですね？

和田　それが、残念ながらそうではないのです。イギリスではジェネラル・プラクティショナーという総合診療医と、ひとつの臓器を診る専門家がいて、まず総合診療医にかからないと、専門の診療科にかかれないしくみになっています。総合診療医と専門診療科の医者は、ちょうど半々くらいの割合です。日本でも、かかりつけ医というのがいますが、その役割を果たせていません。総合診療医は増えてきたとはいえまだ数は少なく、相変わらず専門の診療が広く行われています。板橋区にある東京都健康長寿医療センターですら、高齢者の専門病院と言いながら臓器別診療なんです。

専門診療科はますます専門化し、診療科ごとの縄張り意識や縦割りは、どんどん強くなっています。私はこんな調子で、言いたいことを本に書いたり発言したりしていますが、医者向けのサイトでぼろくそに私を批判する人の多くが「専門外のくせに、おれたちの仕事に口を出すな」という言い分です。もう、骨の髄まで専門診療が染みついているのです。

日本は世界トップレベルの超高齢社会になっているのに、いまだに専門診療科の医者ばかりを育てているんです。医療は超高齢社会対応にはなっていない。そのしわ寄せを受けているのが、当事者である高齢者です。

樋口 医者は勉強しなくても免許は一生涯有効なわけですが、専門診療科の医者が3年間くらい、有給でもいいから、総合診療を学べるトレーニングの期間を設けたらいいと思いますね。

和田 私も同感です。

いい医者を探すのに最初にすること

樋口 いいお医者さんに出会うのは、なかなかの難関だぞと思えてきました。どうしたら、いいお医者さんを見つけられますか？　私はもうとっくに過ぎてしまったけれど、75歳くらいの後期高齢者で、子どもたちも近くにいるひとり暮らしのバアさんだと仮定すると、どういう手順から始めましょうか。

和田　ひとつは、お子さんの力を借りてでも、インターネットで、まあまあ評判のよい病院を調べる。手術成績の善し悪しとかはネットでも本でも調べられます。

樋口　新聞なんかにもよく出ますけれど、「成功率」が目安になりますか。

和田　ある程度なります。でも本当に腕のいい医者のところには、難しい手術が来ることがあるので、意外に成功率が上がらないこともあるのです。「手術数」のほうが、参考になるかもしれません。病院の規模が大きくなると手術数は増えますが、インターネットで医者を検索して受診する時代ですから、手術数の多さは人気の高さを示す目安になると思います。

2つ目は、まだ元気なうちだったら、やっぱり「ドクターショッピング」をするのがいいと思います。病院の数が限られる地方では難しいかもしれませんが、病院の多い都市なら自分にとっていい医者を選ぶことができます。

樋口　ドクターショッピングって、嫌われませんか？

和田　自信のある医者なら気にしないと思います。私は気にしません。

診察のしかたでいい医者か見分けるポイント

樋口　では、実際に気になる医者のところへ行ってみて、どんなことに注意したらいいでしょう？　70代の高齢者初心者がこれから長い長い老後を生きていくためのよい医者の選び方を５つくらいお願いします。

和田　１つ目は、やっぱり患者さんの検査データだけで診るのではなく、個人差があるということをふまえながら、患者さんの具合をよく聞いて対応してくれる医者です。データではなく、その患者さんを診る。当たり前のことのようですが、実際はそうではない医者が多いんです。

実は私は心不全を抱えていて、３ヵ月にいっぺん医者に診てもらっています。通院できる曜日を変更しなければならず、医者を変えました。ところが、行くなり「この検査数値はどうしたんですか」「もっと薬を飲みましょう」と言われ、「あなたは医者なんだろう」と責められたのです。まるで、検査データの数値が悪いのはおまえの努力不足のせい、もっと努力しろと責められているよう。その後この医者のところには行っていません。

2つ目は、フットワークが軽いこと。患者さんが「この薬ちょっと合わないようです」と言ったら、「じゃあ、ほかの薬に変えてみましょう」とすぐに対応できるなど、新しい手を打つことができる医者。新しい医療知識も持っていて、自分の専門ではない病気だったら、その病気に詳しい医者を気軽に紹介してくれるというのも大事ですね。

樋口　なるほどね。それは大事ですね。

和田　3つ目は、患者さんが会いに行くのが楽しみになるような医者でしょうね。安心感を与えてくれたり、元気にしてくれる医者です。安心感はその医者の持っている雰囲気というだけでなく、患者さんが困っていること、具合の悪いことに、ご本人はもちろん、ときには家族の力を借りてでも徹底的に調べるというかかわり方から生まれると思います。せめて初診のときくらいは、病気のことだけじゃなくて、家族構成やこれまでの病気のことなどを聞いてくれる医者がいいですね。

けれど、これもそうでない医者がけっこう多いんですよ。医者に行くたびにどこどこが悪いと言うばかりで、どんよりと気が重くなってしまう。

樋口　そうですね。知り合いは具合が悪くて、「先生、どうしてこんなになっちゃったんでしょう」と聞いたら、医者から「年ですね」と言われたと。自分の年齢なんですから、医者に言われなくても、十分承知していますって（苦笑）。

和田　4つ目は、コミュニケーションがとりやすい医者です。検査データで変化があったときとかに、わかりやすく説明してくれること。質問しやすく、具合が悪いときに何でも言いやすいこと。患者さんのほうも遠慮して言われるままというのではなく、いろいろ調べて質問し、それに対して医者も丁寧に答える。そういう適度な緊張感が、医者と患者の関係をよくすると思います。

樋口　やっぱり、まだ、お医者さんにこんなこと言っちゃ失礼じゃないかと、遠慮する人が多いですね。それは患者側も意識を変えていかなければならないですね。

待合室の患者さんが元気で明るい

和田　5つ目は、待合室の患者さんが元気で明るいことです。

樋口　えっ、一見、矛盾しているようですが？　元気がないからお医者さんに行くはずですのに（笑）。

和田　そうじゃないですよ。病院というのは、元気にしてくれるところですから。落語の枕なんかで、待合室の患者さんが旅行の相談しているとか、「今日あの方来てまへんな」「風邪ひいてるから、病院休みだそうです」って笑わせますけれど。高齢者がよく行く病院というのは、みんな骨粗鬆症の薬だとか、血圧の薬だとかをもらいに来ているので、待合室の患者さんがヨボヨボしてるっていうことは、治療がうまくいっていないということです。医者が薬を出しすぎていたり、生活指導がへぼなんです。

反対に、待合室の患者さんが元気だということは、医者が患者を元気づける能力が高く、薬の量などもちょうどいい治療が行われているという証拠です。患者さんが元

表5　高齢者にとっていい医者の5つの条件

1. 患者さんの検査データだけではなく個人差を理解し、**具合をよく聞いて診療する医者**
2. 「薬が合わない」などの患者さんの訴えに、すぐ対応できる**フットワークの軽い医者**
3. 患者さんの困りごとに徹底的に向き合ってくれ、**会いに行くのが楽しみになるような医者**
4. わかりやすい説明とともに、患者さんの質問に丁寧に答える**コミュニケーションがとりやすい医者**
5. いい治療を行い、元気づける能力があって、**待合室の患者さんが元気で明るい医者**

気に病院に通い、風邪をひいているときだけ家族に薬の処方箋をとりにこさせるような病院のほうが、僕は信用できると思いますよ。

昔の銭湯みたいに、待合室で旅行の相談、いいじゃないですか。

樋口　病院の待合室がサロン化しているのは、元気老人が医療費の無駄遣いをしている象徴だみたいに批判する方もいますけれどね。でも、しゃべれる場所があるって、私、とっても大事だと思います。

和田　大事だと思いますよ。薬を出しすぎていたり、医者が冷たい人だったりすると、待合室の患者さんも元気がなくなるから、しゃべる気にもならないですよ。だから、待合室の患者さんがヨボヨボしていたら、自分もあんなふうになると思って、特にかかりつけ医を選ぶ場合はやめたほうがいいと思います。

樋口　80歳過ぎの知人は、月1回の診察の日、おしゃれして先生に会いに行くのが楽しみだって（笑）。

和田　それはやっぱりその医者の人間性だと思うんですよね。そういう医者をぜひ選んでもらいたいと思います。

耳が遠ければ診察では補聴器を

樋口　私は診察を受けたとき、医者が自分のほうを見ず、一緒に来た私の助手にばかり話していると前に話しましたでしょ。耳が遠いのでいい加減な返事をしてしまったとはいえ、私自身のことなのに、自分の頭の上を飛び越えていく。うちはたまには医者である娘がついてきますし、たいていは助手がついてきますけれど、患者である私の顔はほとんど見ませんね。人格無視だ、なんて憤る一方で、ふつうのこととして受け止めている部分もあります。

でも、耳の聞こえに問題はなく、しっかり答えられる方に対しても、医者は付き添いの人のほうとばかり話をしている、という話もよく聞きます。短い診療時間で、きちんと情報をやりとりするにはそのほうがいいのかもしれませんが、なんだか複雑な思いがしますね。

和田　そうですよね。まあ、僕もなるべく患者さんのほうを向くようにはしていますけど、どうしても、付き添いの人に聞くほうが話が早いので、そういう場面は多いかもしれませんね。私はちょっと忙しすぎちゃうので、認知症の人を診るときには、心理士とかにインテーク面接というのをやってもらい、家族のお話を先に聞いています。その情報をもとに、当日は本人を診るというふうにしていますけどね。

僕はあんまり患者さんに要求するほうじゃないですが、唯一要求することがあるとしたら、なるべくいい補聴器をつけてくださいっていうことですね。まわりで言っていることがよく聞き取れず、疎外感を持つ人も多いんです。

樋口　補聴器、大事ですね。ちょっと高価ですが、つけてみると本当によく聞こえて、感心しちゃってますよ。

和田　今はどんどん性能もよくなっています。耳が遠いことが認知症のリスクのひとつにもなっていますので、テレビの音が大きくなった、電話で話がしづらいという人は、補聴器を検討してほしいです。

補聴器以外はね、別に患者さんに要求することはありません。患者さんはお客で、こっちが商売をしている側なのに、客に対して威張ってるっていうのはやっぱりおかしいですよ。僕は関西商人の祖母に、「頭下げるのはただや」と言われて育ちました。それが今でも頭のなかにあります。

樋口　大阪のご出身ですものね。

和田　はい。頭を下げることが嫌いになったら、大阪は終わりだと僕は思っているんです。今、大阪の行政のリーダーは商人とは違う人たち。ＧＤＰで一旦は負けた愛知県を抜き返したものの僅差、そして神奈川に肉迫されているのも、残念ながらわかります。

どんな患者ならいい医療を受けられるか

樋口　やりやすい患者という意味でなくて、結果としてよい医療の提供を受けられて、患者さん自身も得しちゃういい患者っていうのは、どういう患者ですか。

和田　患者学的なことを言わせてもらうと、やっぱり医者というのは、ちゃんと調べてきた患者さんは鬱陶《うっとう》しいと思いつつ、無下にできないんですよ。外科の手術とかしたときに、お礼を持っていったほうがいいかという話がありますが、少額のお礼なんか持っていったら、なめられるだけだから、僕はしないほうがいいと言ってるんですね。でも、めちゃくちゃ調べてきた患者さんは、もしミスしたら訴えられるよなという緊張感を与えることができる。「医者に嫌われないようにする患者」ではなく、「医者に怖がられる患者」になってもらいたいと思います。

樋口　付き添いの人が一緒だったら、メモをとってもらうとか。

和田　そうです、そうです。あるいは、録音していいですかと聞く。録音を禁止していますなんていう病院は絶対ないはずです。

樋口　なめられちゃいけない。そういう悔しさやある種の覚悟は、男性優位社会のなかで生きてきた私世代はもちろんのこと、今でも女性にはなじみの深いものかもしれません。いい意味のしたたかさを、チラ見せしたいわね。

まともな医者をどう育てるか

樋口　ところで、和田先生はどうしてお医者さんになろうと思ったのですか？

和田　僕は実は映画監督になりたかったんです。それで、たまたま勉強ができたので、医者になったら金を稼げるだろうと、ものすごく不純な動機で医学部に入りました。こんな不純な僕ですが、当時はまだ、おもしろい先生たちがたくさんいたおかげで、自分で言うのも恐縮ですが、けっこうまともな、高齢者を診られる医者になったように思います。

当時、東大医学部には、解剖学の養老孟司先生とか、ほかの大学でも、京都大学には哲学者のような精神科医の木村敏《びん》先生や、神戸大学では極めて優秀な精神科医で、サリヴァンの研究でも知られる中井久夫先生とかがいらっしゃった。中井先生は阪神・淡路大震災のときにトラウマ治療を先導していました。

僕らの時代であれば、精神科の講義を受けると、心のメカニズムや共感ということを学べたんです。ところが、今は82ある医学部で精神科の主任教授をしているのは、心が専門の人はひとりもいなくて、ほぼ全員が脳の専門です。そこでは、トラウマは薬で治療すればいいというようなことを考えていて、僕たちが学んだ精神科とはまったく違っています。

ちょっと話が長くなりますが、私が医者としてどう歩んだか述べますと、私は東大のいわゆる赤レンガ病棟（精神科病棟をこう呼ぶ）から逃げてきて内科で研修し、国立水戸病院で救命救急の研修医になります。老人医療の分野に進みたいと思い就職先を探していたところ、浴風会という高齢者向けの総合病院がちょうど、精神科と内科の両方をやってる人を採るということで雇ってもらえました。つまり、浴風会病院は、精神科であったとしても内科ができないといけないという発想を持っていたんです。

その後、東大の助手を経てアメリカに留学しました。『「甘え」の構造』という日本人の心性を分析した本と言えば知っている人も多いと思いますが、その著者である土居健郎先生に、帰国後、精神分析的な治療を受けることができました。先生はどう思っておられるかわかりませんが、最後の弟子のひとりだと思っています。

結局、留学後も大学に戻らず、浴風会にもう一度勤務することにしました。浴風会では、精神科の竹中星郎先生の指導を受けて、かなりまともな医者に育てられたと自負しています。内科、整形外科の病棟がありましたが、入院患者の2割ぐらいは精神科でも診ていました。医者たちが、お昼ご飯はよその科の人たちと食べるという伝統もありました。もともとは浴風会を切望して入ったわけではありませんでしたが、いい先輩、いい環境に恵まれたのです。

高齢者から元気を奪う「正常値」至上主義

樋口　和田先生より若い世代の教育は、どんなふうに変わったんですか?

和田　たとえば、内科医であればひととおりのことはできなきゃいけないとか、聴診器もちゃんと当てないといけないという発想から、ある時期から検査データがいちばん大事という「正常値」至上主義の医学教育に変わってきました。

そもそも正常値というのは、平均値を中心に高低95％の人の数値のことです。この範囲に収まらないと「異常」ということになります。けれど、数値は本来、人それぞれです。若い人と高齢者では違いますし、体質や環境、性別や体型、職業によっても違います。正常値なのに、病気になる人もいますし、異常値でも、病気にならない人もいるのです。数値が「異常」だから、長生きできないというエビデンスはありません。その人の正常が、ほかの人の正常と同じとはかぎらないのです。

もっと言えば、80代まで元気に生きてこられた人は、それ自体がエビデンスでしょう。検査データが「異常」であっても、その人には正常ということです。なのに、数値が異常だからということで薬を服用したら、かえってよくない結果になるのは予想できるでしょう。

実際、高血圧と診断された高齢者が降圧剤で無理やり血圧を下げた結果、低血圧になってフラフラしている。人間は低血圧になると、頭がフラフラしたり、体がだるくなったりして、活動量が下がります。高血圧はワルモノというイメージがありますが、人間は活動すると血圧が高くなります。１００メートル走ればたいてい血圧は２００ぐらいまで上がります。栄養状態が悪かった昭和30〜40年代は１５０ぐらいで血管が破れていましたが、今は栄養状態が改善し動脈が破れなくなったので、無理に血圧を下げなくてもいいのです。

おまけに、塩分は控えましょう、脂っこいものは控えましょう、肥満の人は運動して痩せましょうと言われ、高齢の患者さんはストレスを抱え、ますます元気を奪われていきます。私は「高齢者をヨボヨボにする医療」と言っています。

それでも医者は、心筋梗塞や脳卒中になりたくなかったら血圧を下げましょうと言うわけですが、薬で心筋梗塞や脳卒中のリスクを下げられるかは、日本では大規模比較調査がないので本当のところはわからない。それよりも、「正常値」至上主義の治療によって意欲や活力を奪われてヨボヨボになることのほうが、高齢者にとっては痛手だと思いますね。

樋口　「さじ加減」という言葉がありますように、医者は患者さんひとりひとりの状態に合わせて、薬を加減していると思っていたのですが、今の医療はそういうことが難しいのですか？

和田　いいご指摘だと思います。高齢者というのは体中で老化が進んでいます。たとえば、動脈硬化がある程度進んで、血管の内部が狭くなっている人に、血圧が高いからといって降圧剤で血圧を下げてしまうと、血流の勢いがなくなり、狭くなった血管のなかを血液が流れにくくなってしまいます。その結果、酸素や糖分が十分に届かず、頭がぼーっとする、意識が飛ぶといったさまざまな症状を起こします。脳にダメージも大きく、認知症を進行させるおそれもあるでしょう。そのため、高齢者は血圧や血糖値を正常値よりも高めにコントロールするほうが、健康になれると私は思っているのです。

80歳過ぎたら健診は受けなくていい

樋口　私もこれまで検査データの結果に一喜一憂していましたが、「正常値」であることと、体の調子がいいということは、実感としてつながりませんね。和田さんは「80歳を過ぎたら、老人健診は受けなくてもいい」と第一章の健康寿命のところでおっしゃっていましたがもう少し教えてくれませんか。

和田　老人健診を含めて、具合も悪くないのに検査をして異常データが見つかったときに、それをいじったほうがいいのか、いじらないほうがいいのか、わからないのです。先ほども言いましたように、具合がいいのに薬を飲み始めることで、悪くなる可能性があります。

私自身は、80歳を過ぎたら、具合が悪くないのに受ける老人健診は必要ないと思っています。浴風会で学んだことのひとつに、前に述べましたが、「知らぬが仏」というのがあります。浴風会では年間100例ほどの解剖をしていましたが、85歳以上で体にがんのない人はひとりもいませんでした。日本人の3分の1はがんで亡くなりますが、残りの3分の2はがんがあっても知らぬが仏で、結果的に別の原因で亡くなっているんです。

アルツハイマー型認知症もそうです。脳の検査をしたら、残念ながら85歳を過ぎると、やっぱり全員にアルツハイマー型の変性が見つかります。もちろん、多い人と少ない人がいて、一定量多くなると認知症ということになります。でも、やっぱりそれだって、ふつうに生活できるなら、知らぬが仏のほうが、僕はいいと思います。わざわざ自分で病気を探して、早期発見、早期治療ができたといっても、本当にどれだけ効いているのかが私にはわかりません。

ただし、80代でも90代でも、具合が悪いとか、症状によって生活に支障が出ているという場合は、検査を受けて、必要な治療を受けることが大切です。

高齢になったら「引き算」より元気の素を足す

樋口 「長生きはしたくない」という人の気持ちをよく分析してみると、「好きなものを我慢してまで長生きしたくない」とか、「治療のために自由を奪われてまで長生きしたくない」という人も多いのではないかと思います。命を長らえることと、それによって大切に思っていることを犠牲にすること、その両方をてんびんにかけているわけですね。

私は延命治療については、娘と意見が一致しており、苦痛除去以外の延命治療はしないということにしています。でも、通常の健康管理においては、専門家である医師の言うことは尊重してよく聞くほうだと思います。

和田　日本の医者は、長生きしたかったら、塩分や脂肪分やいろんなものを控えなさいと我慢させるのですが、我慢したからといって長生きできる証拠はないんです。もしかしたら、我慢のし損かもしれない。その極端な例が、この数年続いた新型コロナ対策です。

樋口　コロナのときは本当に大変でした。講演はすべてなくなるし、どこへも出かけられませんでした。この間に、若い人はコロナ太りだ、ダイエットしなきゃ〜と言っていましたが、高齢者では足腰が弱ったり、頭の回転がにぶったり、コロナにはかからなくても、命を縮めたのではないでしょうか。

和田　コロナ対策では、各国で対応の差が浮き彫りになりました。たとえば、北欧のスウェーデンではまったく自粛政策をとらないで集団免疫を獲得するという方法をとりました。日本では、その方法はよくないと批判したわけです。

　では、なぜスウェーデンが自粛政策をしなかったのか。彼らは高齢化率が欧米でもトップクラスであるため、高齢者を外に出させないようにする自粛政策をすると、要介護高齢者を増やしてしまうということをきちんと理解していたんでしょう。フィンランドも、一時的なロックダウンはやりましたが、なるべく短い期間にとどめました。ところが、日本はスウェーデン以上の高齢化率29％なのに、足かけ3年以上も自粛政策を続けていたのですから、はっきり言って高齢者にヨボヨボになれと言っているようなものだと僕は思います。

樋口　高齢者が、ヨボヨボになるのではなくいきいきするような医療って、難しいことなんですか。

和田　年をとればとるほど、体力のベースラインがちょっとずつ下がっていくわけですから、今よりどうやったら元気になるかを考えないといけません。塩分とか、脂肪分とか、病気のリスクになるものを「引き算」するのではなく、栄養や運動といった元気になるものを「足し算」するんです。そういう発想の切り替えが必要になると思います。

東京都医師会や日本老年医学会も、年をとったらメタボ対策よりもフレイル対策を重視して、栄養と運動が大事と言っています。肉や魚、卵、牛乳、豆などしっかりとタンパク質をとり、筋肉を動かす習慣をつくることで、いくつになっても歩けるようにしましょうというものです。

また、加齢とともに減っていくセロトニンや男性ホルモン、女性ホルモンなどを生活習慣やホルモン補充療法などによって足し算し、元気のボトムアップを図るというのも、足し算の医療です。

日本人を長寿にしたのは「医療」より「栄養」

和田　現代の医学は食べることを軽んじているところがあります。塩分を控えろ、脂っこいものを控えろと言って、食いたいものを我慢させることが本当に体にいいのか、僕には疑問です。人間、最後までうまいものを食べてほしいというのが僕の思いです。

日本人は世界でもトップクラスの長寿になったわけですが、「医療のおかげ」と思い違いをしている人が多いんです。それは大きな誤解ですよね。たとえば、かつて国民病と言われた結核が減ったのは、ストレプトマイシンのおかげだと。でも、ストレプトマイシンは結核になった人が用いる治療薬ですから、患者数が減る理由にはならないんです。結核になる人が減ったのは、栄養状態がよくなったからなんですね。なのに、医者は手柄を横取りしているんです。

脳卒中で死ぬ人が少なくなったのも、高血圧の治療によって血圧を下げたからだと言いますが、本当は栄養状態が改善したからだと思います。昔は、タンパク質の摂取量が少なくて、血管がもろかった。前にも言ったように血圧１５０くらいで脳の血管が破れて脳卒中になる人が多かったのです。

樋口　最近は、タンパク質をとりましょうと盛んに言われていますが、医療はもっとそういう栄養の力を借りてもいいんじゃないですか。

和田　栄養がこんなに大事なものなのに、医学部の６年間で栄養学はほとんど学びません。これは日本の医学のもうひとつの根本的な欠点です。

樋口　それはちょっと意外なことですね。

和田　森鷗外のころからの東大医学部の構造的な欠点です。東大出身の森鷗外はドイツに留学して、当時、ドイツで主流になっていた「脚気《かっけ》はいわゆる伝染病だ」という説を信じたわけです。その結果、日露戦争で陸軍は2万7800人もの人が脚気で死にました。そのときの軍医のトップが鷗外です。戦病死者が3万7200人ですから約75％にあたります。

それに対して海軍の軍医トップの高木兼寛は、問題は栄養だという説をとっていた。ビタミンが含まれる玄米食がいいという話になっていますが、それよりも大事だったのは豚肉を食べさせたことだったといいます。それで、高木は豚肉が入った海軍カレーを発案するんです。

樋口　私は昭和ひと桁生まれで、まだあと何ヵ月かは生きそうだから92歳ぐらいまではきっと生きるだろうと思うんです。私の生まれた年のころの人口動態を調べてみたら、生まれてから1年間で1割死んでいるんです。乳幼児死亡率が高い時代で、平均寿命は50歳にも届きません。まだ衛生水準も低く、栄養状態も悪かったからなんですね。

戦時中、東京など6大都市の子どもたちは集団疎開したわけですが、私は長野県に疎開しました。とてもひもじい思いはしましたが、命長らえました。

当時、良子《ながこ》皇后さまの「次の世を　背負うべき身ぞ　たくましく　正しく伸びよ里に移りて」という御製の歌とともにビスケットみたいなものが配給され、大事に食べたのを覚えています。そうした時代の、私は生き残りなんです。その後、衛生や栄養がよくなるという総合力で、日本人は長生きできるようになりました。そのことを忘れてはいけないですね。

和田　おっしゃるとおりです。

先進国でがん死が増えているのは日本だけ

樋口　では、和田さん、後期高齢者になったら、食べたいものを食べましょうって叫べばいいですね。

和田　私はそう思います。仮に医者の言うことを後生大事に聞いて、節制しても、せいぜい延びる寿命は1年か2年だと思いますよ。しかも、元気にというのではなく、活力が落ちて、楽しみも少なく、免疫力も低下しての1～2年です。

なのに、相変わらず「引き算」の医療を続けているので、高齢者は栄養、特にタンパク質やコレステロールが不足して、活力や気力、免疫力が低下していきます。おいしいものも食べていないから、動く気力もないし、楽しくない。これでは免疫力が下がりますよね。その結果、がんで死ぬ人が多くなる。それは「引き算」医療が原因となっているのではないかと僕は思っています。

樋口　がんは、日本人の死因の第1位ですね。

和田　先進国のなかで、がん死が増えているのは日本だけです。2022年、急性心筋梗塞で亡くなる人は3万2016人でしたが、がんでは38万5787人も亡くなっているのに、あいかわらず、メタボが多く心筋梗塞で死ぬ人が多い欧米型の医療を、日本はやっているのです。

がんを減らそうと、がん検診も行われていますが、死亡率を下げてはいません。がんを減らすには、免疫力が大事です。免疫力を上げるためには、ストレスを減らしたり、楽しんだり、笑ったりすることがいいんです。日本人は禁欲的にしていると長生きできると思っているところがありますが、実は禁欲的なのは免疫力を下げてしまっているので、結果的にがんで死ぬ人が増加する理由になっているのだと思います。

樋口　日本の医療も、高齢社会に対応して変わっていってもらいたいですね。

和田　僕は「正常値」至上主義の教育を受けている、僕たちより下の世代の医者は信用する気にはなれません。しかし、もっと下の若い医者たちのなかには、捨てたもんじゃないなと思える医者もいます。

　これまで大学の医学部を出たら、その大学の医局に即入局するのが大多数でした。しかし、２００４年に臨床研修が必修化されて、研修先の病院を好きに選べるようになったとき、大学病院で研修をする人の割合がどんどん減ってきて、好きな市中病院で研修する人の割合が増えたんです。これからもっと高齢者が増えていくなかで、長野や沖縄などで実践されている地域医療を学ぼうという若い医者も増えています。そうしたうんと若い医者の志を頼もしく思っています。

元気老人を作る長野県方式

樋口　長野県の佐久総合病院に、若月俊一先生という農村医療を確立したお医者様がいらっしゃいました。その若月先生を顕彰し、保健、医療、福祉の分野で功績のあった人に贈られる若月賞というのがあります。

私は長く、この選考委員をしていたことで、長野県でどのような医療が行われているかをある程度知ることができたんですが、それだけに疑問なんです。長野県の高齢者医療や生活のあり方がいいということがよくわかっているのに、なぜ長野県の全国区化ができないのか。不思議でたまらないですね。

和田　おっしゃるとおりで、長野は２０２０年の最新データで、男性2位、女性4位の長寿県です。１人当たりの老人医療費も全国でいちばん安い県です。長寿県で高齢者の数も多いのに、老人医療費が安いというのは、高齢者が医者にかからないということなんですね。ということは、長野型の医療をすれば、みんなが長生きして、医療費が安くてすむわけです。

樋口　そう思います。

和田　長野県では、地域医療型の総合診療をやろうという発想があり、人間ドック的な予防医学ではなくて、みんなにちゃんと栄養とってもらおうとか、体操しましょうということで病気にならないようにする予防医学が盛んに行われています。

これは病気になる人が増えないので、病院としては儲かりません。けれど、長野県の多くの病院は国民健康保険（以下、国保）直営なので、患者さんが医療費を使わないことじたいが国保の運営にとっていいことなのです。もちろん、高齢者にとっても、病気にならないことはいいことですよね。

一方、大学病院は最新医療をやっているつもりですが、やっぱり健診をして病気を探し出して患者さんを増やすと儲かるというしくみです。若い人が対象だったら、大学病院の医療は病気の早期発見につながり、早期治療ができると思います。しかし、高齢者の場合は血圧、血糖値、脂質などが異常値になることはよくあるとお話ししているとおり、それを無理に治療することで高齢者を薬漬けにし、あれもダメこれもダメと自由度を奪って活力を低下させています。

超高齢社会がこれだけ進んでいるのですから、成功しているところを真似るのが資本主義の原則ですが、日本ではそうならないんですね。世界一の超高齢社会であるのに、まだ人口が若い時代に通用した医療を行っているのです。

コラム　心をご機嫌にする「魔法の言葉」

和田秀樹

❶「なんとかなるさ」

１９６０年代から70年代にかけて大ブームになった喜劇映画シリーズから、「無責任男」の異名をとった主演の植木等さんは、歌詞で「そのうち、なんとかなるだろう」と歌っていましたが、あの底抜けに明るい笑顔も連想されて、うつうつとした気分を締め出すことができます。

❷「毎日、実験！」

年をとってもずっと意欲的でいるために、僕はいつも「実験だ」と思ってチャレンジするようにしています。たとえば、町に行列ができているラーメン屋さんがあったときに、「まあ、試してみよう」と並んでみます。おいしいか、おいしくないか、食べてみないとわからないですよね。実際に食べてみたら、「自分にはちょっと味濃いよな」と思うかもしれないし、それは実験してみないとわからないんです。

そうやって、やったことのないこと、見たことのないこと、聞いたことのないことを、実験だと思ってやったらいいと思います。失敗してもいいんです。それもひとつの実験結果だから。実験することが刺激ですし、失敗すれば、別のことをすればいい。する前から失敗を恐れていては人生つまらなくなってしまいます。

樋口恵子 ❶「ま、いっか」

人から不意に失礼なふるまいをされたときには、どうしてこんなことをするのか相手に詰め寄りたい気持ちになります。ときには、こちらのざわついた気持ちを相手に投げ返してしまったり、ケンカになったり。忙しい盛りのころはそんなことがありました。

今でも、そんな気持ちになることもありますが、「ま、いっか」と思ってうけながすことを覚えました。それから、私自身も楽になったのです。自分自身の衰えを不甲斐なく思って、「なんで、できないの」と自分を責めてもしかたない。自分に対しても「ま、いっか」と言えたらいいなと思っています。

❷「楽しくなくても、楽しげに生きる」

お見舞いに来てくれた人に、笑顔で「ありがとう」と言うくらいの度量がなくて、なんで長生きした甲斐があるか、と思うのです。高齢者はたいてい不機嫌。それは自分の老いが気に入らないからです。でも、機嫌のいいふりをする。

「ご機嫌いかがですか」と問われたら、「悪いはずないじゃないですか、あなたが来てくださったんだもの」と。

そうやって楽しくなくても楽しいふりをしていると、いつか自分自身も楽しくなっていくような気がしますね。

第4章 自由に、私らしく、生きるチャンス

基本的にひとり暮らしは
老化を遠ざけてくれるというメリットを、
知っておいてほしいですね（和田）

「ひとりになってさびしいなんて言っていないで、
元気で、長生きしなさいよ」と亡くなった人たちに
言われているように感じています（樋口）

「できなくなった」は自由になるチャンス

和田　老いの進み方は早い人、遅い人がいて、個人差が大きいものです。この個人差には、遺伝的な要因や環境、生活スタイル、職業、病気などさまざまな要因が絡んできますが、高齢者の方々の心と体を診てきた経験から言えることは、「老化を遅らせたかったら、引退してはいけない」ということなんです。人間の心や体の機能は、ある意味とてもシンプルで、「使わないと衰える」からです。

定年後の人生を「隠居生活」「悠々自適」などと言っていたころは、まだ寿命がそれほど長くない時代でした。多くの人が90歳を越えて、さらに100歳も越えて生きる今の時代では、年をとったからという理由だけで「引退」するという考え方そのものが、老後生活のリスクになります。

ただ、今までの方法でできなくなったら、モノや人、サービスを活用して、もっと快適でその人らしい暮らしに再構築するチャンスです。暮らし方は人それぞれ。こうでなければならないというルールはありません。そういう意味で、年をとってからの暮らし方は自由でいいと思うんです。

思い切って「調理定年」したら健康回復

樋口　とてもよくわかります。私の場合、毎日の料理作りがとても億劫になりました。そこで、無理して調理を続けるよりも、思い切って「調理定年」してからのほうが、おいしいものが食べられるようになったし、栄養の面でもバランスよくなったんですよ。

もともと私は食いしん坊で、料理を作るのが好きでした。70代までは忙しい合間を縫って、好きなものを作って食べていたんです。ところが、80代になってから料理をするのが億劫になって……。特に、家の建て替えのときには、精神的なストレスなのか、食欲がガクンと落ちました。

以前は、朝起きると自然にお腹が鳴って、今日は何を食べようかなんて考えるのが楽しみだったのですが、目が覚めても空腹を感じない。何か作るのも面倒だから、冷蔵庫のなかにあるハムやヨーグルト、ちょっとぜいたくなパンなどを適当につまんですませるという日々が続きました。そうしたら、なんと低栄養で貧血になってしまったんです。ふっくら体型の私が低栄養？　うそでしょって。

そのとき、自分で何とかできる時期は過ぎたと悟りました。84歳のときです。そこでシルバー人材センターの家事援助サービスを利用することになったんです。週2回、お料理上手なシルバーさんに来ていただいていますが、買い物からしてくださるので、とても助かっています。それ以外の日は、作り置きしていたものや、娘が買ってくるお惣菜で、食事をまかなっています。最近は、配食サービスのお弁当も利用するようになりました。

おかげで、食生活が充実しています。低栄養による貧血も改善し、階段を上ったときに息切れもしなくなりました。私は思い切って「調理定年」をしてよかったと思います。今ではすっかり食欲も復活して、「生涯食いしん坊」を自任しております。

高齢者を低栄養に導く粗食信仰

和田　高齢になって低栄養になる人は、多いんです。その原因のひとつは、健康のためには粗食ですませるのがいいことだという勘違いが、長らく続いたためだと思います。今でもそう考える人は少なくありません。

「腹八分目」という言葉も、罪が深いですね。300年前に書かれた貝原益軒の『養生訓』の悪しき影響で、食事を控えめにする人がいます。けれど、高齢者はただでさえ食欲が落ちぎみなのに、意識して量を減らしたら、ますます栄養が足りなくなります。必要なカロリーをしっかりとるには、「腹九分目」くらいを意識してほしいものです。

樋口　自分が低栄養と言われて、いろいろ調べたのですが、国民栄養調査を見ると、85歳以上の独身の女性の栄養がガタっと悪くなるんですね。夫が生きているうちは毎日、料理をしてきたベテラン主婦でも、夫が他界すると料理をしなくなる。

それはそうですよね。よほど料理が好きな人は別として、自分のためだけに毎日三度三度料理を作るって大変なことです。面倒だからコンビニでおにぎりでも買ってすませようなんてことになり、その結果、栄養が偏っていくのではないかと思います。でも、なぜ、女性だけ栄養状態が悪くなるのか不思議なんです。

和田　女性は自分で料理ができたり、暮らしのことができるという自信がある人が多いので、多少できなくなったとしても、わざわざお金を払ってまで配食サービスや家事援助サービスを利用するのに抵抗感を持つのではないでしょうか。老人ホームに入ろうとしないことも、同じ理由だと思います。

一方、男性は妻が他界するなどしてひとりになったとたん、食べることをはじめ生活全般が立ち行かなくなることが多いので、わりとすぐに老人ホームに入ることを考えます。

樋口　なんとなくわかりますね。でも、女性だって本音のところは、毎日の食事作りから解放されたいという気持ちがあるんです。私が「仕事に定年があるように、調理にも定年があっていいんじゃないか」と何かに書きましたら、「調理をやめていいんですね、ほっとしました」という高齢の主婦が何人もいたんです。毎日の食事作りが負担になっていて、やめたいと思いながら我慢している人、多いんじゃないでしょうか。

罪悪感は無用！「中食」「外食」を活用

和田 毎日の食事を自分で作るのは、大変なことだと思います。調理は、いろんな作業を同時並行ですすめるため、脳にはいい刺激を与えてくれるので、できるうちは続けたほうがいい。

具体的に言うと、「煮物をしながら、別の料理の食材を包丁で切る」「電子レンジを使いながら、先に使った調理器具を洗って片づける」といった、複数のことを同時に行うデュアルタスクが、認知症の発症や進行を防ぐのに有効とされています。また、何の料理をいつまでにどれだけ作るかという計画力や判断力も必要なので、料理は最高の脳トレなのです。

しかし、毎日の食事を作るのが大変になったら、自分で作ることにこだわり続けることはありません。特にひとり暮らしの場合、ワンパターンの食事になりがちです。多種類の食材を買いそろえるのも簡単ではありません。キャベツ1玉を買ったはいいが、1週間かけて食べ続けなければならなかったというようなこともあります。

健康的な食事の基本は、雑食です。いろんな種類のものを食べることです。健康にいいからといって、そればっかり食べていると栄養が偏り、老化を早めます。年をとればとるほど栄養の吸収率が悪くなるので、さまざまなミネラル類も不足しがちになります。なかでも亜鉛が不足すると味覚障害が起き、おいしさを感じないために、ますます食が細くなっていくという負の連鎖に陥ります。

樋口　亜鉛というと牡蠣ですか。

和田　牡蠣は多く含まれています。他にも、牛赤身肉、ナチュラルチーズ、ナッツなども多いですよ。そして、何といってもタンパク質。前にも述べましたが、お肉はしっかりとってもらいたいですね。

樋口　栄養を保つという意味でも、私は家事援助サービスを利用してよかったと思いますね。

和田　なかには食費にお金をかけるのはもったいないという考えの人もいますが、栄養は健康のもとですから。僕は自炊にこだわって低栄養になるよりは、市販の弁当や惣菜を買って来て家で食べる「中食」や、食堂やレストランに食べに行く「外食」をもっと利用していいと思います。今は、おいしくて健康に配慮したお弁当がたくさん出ていますし、多種類の食材を食べることができます。

食堂やレストランまで歩いていけば、運動にもなって一石二鳥です。お腹も空いて、いっそうおいしく食べられますね。さらに、今日は、食べたことがないエスニックのお弁当にしてみようとか、初めての食堂に入ってみるとか、どんどん新しいことにチャレンジすると、前にも言ったように前頭葉が鍛えられ、いつまでも意欲を保つことにつながりますよ。

「ゴールド世代」は働くシルバー世代を応援

樋口 一石二鳥と言えば、シルバー人材センターの家事援助サービスを利用することで、私も2つのことが得られています。ひとつは、栄養バランスのとれたいいものを食べられるようになったこと。もうひとつは、サービスを利用することで、働きたいというシルバー世代の助けになっているということです。

私はシルバー世代を通り過ぎて、「ゴールド世代」になりました。地域のシルバー人材センターの方に助けてもらうことで、家事からも解放され、安心して暮らすことができます。こちらが支えられるだけでなく、いくらかお支払いすることで、シルバー世代の方が働く場ができます。つまりシルバー世代がいきいきと働くことで、ゴールド世代が安心して暮らせ、ゴールド世代が仕事をお願いすることで、シルバー世代も働きながら元気を保ち、やがて自分の身にも来る老いに対して心の準備にもなる。安心して老いるというのは、こういう支え合いのなかに身を置くことが大きいのではないでしょうか。

シルバー人材センターでは、家事援助以外にも、男性なら庭木の手入れをしたり、犬の散歩をしたり、いろいろな仕事があります。私はシルバー人材センターの応援団長のつもりなんですが、こうした支え合いが地域の高齢社会をよくするのだと思っています。

おひとりさま時代にジジババ食堂を

樋口　栄養学者の中村丁次《ていじ》先生は、女性が長生きなのは、買い物をして料理をして、おしゃべりしながら食べることが理由であると述べています。こういう当たり前のような生活が長生きには大切なんですね。けれど、今の高齢者の生活を見てみると、なかなか難しい。第一に買い物に行きたくても近くに歩いて行ける商店街やスーパーなんかがあればいいですが、そうとはかぎりません。地方ではスーパーが閉店して買い物難民が出ているところがあります。それに、高齢になるとおひとりさまが増え、孤食が当たり前になってきています。

こうした現実で、健康や長寿につながる質のいい「食」を確保するには、個人の努力では難しいところがあります。そこで考えたのがジジババ食堂。ここ10年ほど、子ども食堂というのが全国的に広がっていますが、私は地域にひとつジジババ食堂ができたらいいなと期待しています。小学校の空いているスペースを活用させてもらえたらいいんじゃないかと思っているのですが、できればシルバーカーを押して通えるところにできるといいと思っています。

和田　そうですね。食には、人とつながる、社会とつながるという側面もありますから。孤食は、栄養が偏ることで低栄養やうつの原因になり、それが体力の低下や認知機能の低下、骨量の低下といった状態を招き、さらに要介護へと進めてしまいます。家族と同居している人も、昼間はひとりで食べることが多いので、誰かと食べる「共食」のしくみを考える必要があります。

樋口　このあいだ、不思議な感情がわいてきたことがありました。配食サービスのお弁当を食べていたときのことです。いくら年寄りとはいえ、ちいと味濃くしてほしいなと、いつものように文句ぐじゃぐじゃ言いながらも食べておりましたとき、助手のお母さまも同じ配食サービスを利用していることをふと思い出したんです。

お母さまは別の区に住んでいて、実際にお会いしたことがないけれど、この日のメインディッシュ、豚肉としらたきの炊き合わせを、お母さまも食べているんだなと想像したら、何だか楽しくなってきましてね。ただ、文句言って食べるだけでも楽しいんですが、同じものを一緒にいただいているような気分になったら、うれしくなってしまいました。頭の中だけの、空想ジジババ食堂ですね。空想だけでも楽しいんですから、本物のジジババ食堂があったらいいなと思いますね。

和田　一緒のものを食べているという連帯感でしょうね。食べるということは誰でも必要なことですから、食べる行為に、外出する、人と話す、地域の子どもと触れ合う、ときどき自分も調理に参加する……いろいろな楽しいことをプラスしていけたら、食はもっと豊かになると思います。

樋口　お酒はどうですか。控えたほうがいいんでしょうか。

和田　お酒は好きだったら飲んでいいと思います。しいて言えば、ひとり飲みはなるべく避ける。これはひとり暮らしの高齢者には酷かもしれないけど……。ひとり飲みはやっぱりアルコール依存症のリスクが高くなるので、できれば大勢で、会話を楽しみながら飲んでほしいですね。

樋口　じゃあ、ジジババ居酒屋も必要になりますね。

「ひとり老い」のほうが老化を遠ざけられる

樋口　長生きをすると、独身でずっときた人はもちろん、結婚していた人も、つれあいと死別したりして、いつかはひとりになります。85歳を過ぎると、女性の3割はおひとりさまになるんです。私の親世代は、大家族のなかで老いていくのが大多数でしたが、今は「ひとり老い」がマジョリティなのです。
「ひとり老い」は生きていくだけで大事業。でも、望むと望まざるとにかかわらず、そうした事態を迎える人が多くなるんですね。私たちは「ひとり老い」に対して、どういう心構えでいたらいいと思いますか？

和田　ひとり暮らしの高齢者というと、孤独や孤立というイメージを持つ人が多いですが、ひとりでいることのメリットもあると思うんです。それは、家族と同居している高齢者より元気で長生きできる可能性があるということです。

暮らしをまわしていくには、買い物や食事の用意、洗濯、掃除などいろんなことをしなければなりません。ひとり暮らしの人はだいたい自分でしている人が多いので、家族が同居していて全部お世話をしてくれるという人よりも、認知症が発症するリスクは低いのではないでしょうか。ひとり暮らしで転んだら誰が助けてくれるんだという心配はありますが、そもそも日ごろから体を動かしているので骨粗鬆症にもなりにくく、転んで骨折するというリスクも少ない。基本的にひとり暮らしは老化を遠ざけてくれるというメリットを、知っておいてほしいですね。

夫に先立たれた私の腹のくくり方

樋口　私は、2番目の夫が亡くなって25年になります。長生きすると人を見送ることが増えますね。ただ、「ひとりになってさびしいなんて言っていないで、元気で、長生きしなさいよ」と亡くなった人たちに言われているように感じています。

和田　パートナーが亡くなってひとり残されると、たいていは孤独感や喪失感にさいなまれます。これに対応するには、冷たい言い方かもしれませんが、腹をくくるしかありません。さびしいなと思うことがあっても、「孤独は気楽でいいな」と思い返し、ひとりで生きられる自由を楽しんだほうがいいと思います。日にち薬という言葉があるように、時間が経つと孤独感や喪失感は薄れ、ひとりに慣れていきます。

孤独というのは不思議なもので、家族と一緒に暮らしていても、孤独を感じないとはかぎりません。家族のなかで疎外感を覚え、孤独を深めている人もいます。人づきあいが多い人でも、嫌いな人間と無理につきあうことほど、むなしいこともないでしょう。高齢になったらそうした人づきあいのしがらみから解放され、ひとりの自由を楽しむのもいいものです。

いざという時「頼りになる人」リスト

樋口　90代になって、玄関でフワッと倒れたというお話をしました。うちは娘とふたりで暮らしていますが、病院勤めしているものですから、朝早く出て行って、夜遅く帰宅する日も多いんです。つまり、私も昼間はひとり暮らし。倒れて、さてどうしようとなったときに――倒れるちょっと前まで立ち話していた、とってもいいお隣さんがいるんですね――それでお隣さんのご夫婦に、大声で叫んで「今倒れちゃった。悪いけれど、こちらへ連絡してくれますか」とお願いしました。娘のところと、助手のところ、シルバー人材センターの家事援助をしてくださる方、そういう方たちに連絡してもらいましたら、30分経たないうちに5人揃ったわけ。そこで私はうなったわけです。うーん、「遠くの親戚より近くの他人」って。

和田　そうですね（笑）。

樋口　その話を『徹子の部屋』（テレビ朝日系列）でしゃべったら、また評判になりまして。やっぱりこれからの地域社会は、いかに人間関係をつくるかなんだなと思いました。転んだとき、誰に連絡したらいいか、よく考えてリストをつくっておくことが大事だなと思います。

少し話がそれるかもしれませんが、入院することになったら、各所への連絡係やお世話してくれる人も必要になります。ひとりだけでは負担をかけすぎてしまうので、親戚や親友、娘などに交代で来てもらうようにお願いしました。名づけて「五人組制度」。以前、入院したときに、人から「いいシステムですね」とほめられました。

「人生案内」に届いた孤独の悩み

樋口 ただ人間関係は、そうした緊急時のためだけにあればいいというものではありませんね。人間というのは、人とかかわりながら生きていくものですから、一生を通じて孤立させないようなしくみが必要なのです。これは私の持論なのですが、人間が健康に生存するために必要なものは、水、空気、太陽の次に人間関係なんです。それをどうやって維持していくかが、大きな課題です。

読売新聞の「人生案内」で私は、70代の女性から切実な悩み相談を受けました。

その女性は夫が他界し、子どももいないおひとりさまとのこと。金持ちでもなく、貧しくもなく、団地で暮らしていましたが、近所の人間関係も乏しくなったため、新たな人間関係を求めて引っ越しをしたのです。しかし、そこではすでに人間関係が固まってしまっていて、なかなか入り込めない。どうしたらいいでしょうか、という悩みなのです。人づきあいを求めて長年住み慣れたところから引っ越しまでするのかと思い、ちょっとショックを受け、胸が苦しくなりました。

引っ越した先の団地の事務所へ行って、サークル活動をやっていそうな集会所を教えてもらって、順番に行きなさいって答えたんですが……。老いの孤立を味わいたくない。人間関係をどう張りめぐらせていくか。人生の後半、特におひとりさまが多くなる女性にとって大事な課題だと思っています。

ふだんはひとりで自由に暮らしていても、ずっとひとりというのは、人間、耐えられないと思いますよ。人によって孤独に強い人と弱い人がいますが、その人に合わせ、誰かと食事をしたいなというときには、いつでも参加できるしくみがあってほしいと思います。私は、相談者の女性のような方をくり返しくり返し応援します。こういう人のためにも、私は生きているんだと思っています。みんな老いの初心者なんだから、元気づけ合わなくちゃ。

大阪商人の祖母から教わった豊かな人づきあい

樋口　各地域には、高齢者が気軽に立ち寄れるサロンや、趣味のサークル、ボランティア組織などがありますね。なかには、お金を払えば車で迎えに来てくれるところもあります。そこで、お弁当を食べながら、楽しく人とおしゃべりして、介護予防や認知症予防をしようという取り組みです。これからもっと高齢者が増えますから、第二の小学校、中学校ではないですが、高齢者が通える場というのがどこかにあっていいと思いますよ。

和田　お話を聞いていて思い出すのは、銭湯ですね。都市部では昭和30年代くらいまで家風呂がなくて、みんな銭湯に通っていました。銭湯は今、若い人にも人気ですが、基本的には数が減ってきています。裸の社交場は、自然と人づきあいが生まれていました。

戦争で焼け出された僕の祖母は根が大阪商人なので、大阪でも結構いい場所の都会から、あまり被害のなかった町はずれに移り住んでも、上手に溶け込んでいました。祖母の家に行くと、必ず銭湯に連れて行ってくれた。僕はまだ幼稚園ぐらいの子どもだったから、たぶん女風呂に一緒について行ったんですけれど、もう誰もかれもが声かけてくれるんです。祖母の人づきあいの豊かさに、すごいなと驚かされました。

祖母が97歳で他界したとき、貧しい家でわびしい葬式を挙げたのですが、ものすごくたくさんの人がお別れに来てくれました。参列者の列が300メートルか500メートルぐらいぞろぞろっと続いたのです。やっぱり、人と人がつきあえる銭湯みたいなものは残したほうがいいんじゃないかなと僕は思いますね。

樋口　銭湯っていいですね。今でも都会では少ないながら銭湯はあって、自分の家のお風呂掃除が大変だからって、通っている人もいるようです。地方の温泉が湧いている地域などでは、共同浴場が高齢者の社交場になっているところもあるみたいですね。都市部は広い浴場やサウナのあるジムやプールも人気で、利用している高齢者も多いと聞きます。

和田　袖振り合うも他生の縁と言いますが、ひとつところに集まってくると、なんだか親近感がわくんですね。駅の喫煙所なんかでも、たばこを吸う人は肩身が狭いので、虐げられたもの同士、わりと簡単に仲良くなるようです。

樋口　気軽に行けて、そこで仲間を見つけて麻雀してもいい。コムズカシイ本を読みたい人は、隅のほうに行って読めばいい。ヨタヘロ年齢以降の人の〝居場所〟が家の個室以外の、地域社会のなかにいくつもあってほしいと切に願います。

和田　阪神・淡路大震災のときに、ボランティアで1年間神戸に通っていたことがあります。毎週神戸に行って、グループ治療みたいなものをやって被災者の心のケアをしていたんです。けれど、結局、来てくれるのは若い人。お年寄りを診たいと思っても、当時は仮設住宅に集会所がなくて、現地でグループ治療ができなかったんです。

震災での孤独死が問題になり、その後の震災からは仮設住宅を造るときは10軒に1軒ぐらいの割合で集会所を造るようになりました。まず、自宅から一歩出てくる場所っていうのが大事だと思います。

自宅に気楽に人を招ける工夫

樋口　私はもともと有料老人ホームに入ろうと思って、コツコツと資料を集めていました。せっかく入るなら食事のおいしいところがいいと思って、お試し入居も5ヵ所ほどしましたよ。

和田　食事は、大事なポイントですね。

樋口　ところが、前にも言いましたが、家の建て替えに費用がかかり、有料老人ホームの夢は頓挫したわけです。当時はショックでしたが、今となっては家を建て替えてよかったことがたくさんあります。そのひとつは、お客さまを招くことができるスペースを確保できたこと。応接室には生活感のあるモノは置かないでおこうと決めているので、取材や仕事の打ち合わせで来た方などもすぐにお通しできるのです。高齢になると、だんだんと外出する機会が減ってきますので、人を招きやすいようにしておくことも大事だなと感じました。

和田　僕は高齢になるほど、スマホやパソコンが役立つと思っていますが、樋口さんはお使いになりますか？

樋口 いえ、まったく（笑）。でも、「高齢社会をよくする女性の会」では、デジタル弱者にならないために、高齢者のICT教育にも取り組み始めました。デジタル音痴の私は、コロナ禍にコンピュータをつないでもらい、画面越しにお話ししましたが、新鮮な体験でした。ときどき、うちの猫が乱入して、大笑い。

和田 技術はどんどん進んでいて、キーを打たなくても声で入力できるようになってきました。AIを搭載した車いすなどと連動して、安全に走行できるようになれば、「○○デパートまで行って」とスマホに命令するだけで、行きたいところに連れていってくれる時代が案外すぐそこまで来ているかもしれません。そうなると、億劫だからといって閉じこもっていた高齢者も、どんどん町に出るようになるかも。

樋口 それはすごい！ そんな時代が来るなら、もっと長生きしなきゃ。

長生きをして、何をしたらいいのか

樋口 ある方が、医師に「長生きしますよ」と言われたそうです。その方、途端にあわてふためいて、「どうしましょう。そんなに長生きして、何をしたらいいのかしら」と。

何をして生きていくかって、ずいぶん哲学的な問いだと思いませんか。これから社会に出る若い学生さんだったら、何の仕事をして食べていくかという意味合いが強いと思いますが、高齢になってからの「何をして生きていくか」という自問は、もっと根源的な問いかけのようにも思えます。

和田　いちばん大事なことですよね。高齢期に要介護にならないように、認知症にならないようにということはよく語られますが、「何をしたいか」という問いかけはあまりされません。でも、本来は、これをやりたいという意欲や目標があって、介護サービスや医療はその意欲や目標を応援するためにあるんだと思うんです。

高齢期に何をしたいか？　何でもいいと思います。仕事でも、趣味でも、ボランティア活動でも、自分が楽しんでできることなら何だっていい。高尚なことでなくてもいい、異性にもてたい、というのでもいいじゃないですか。

長野を長寿県にした3つ目の「しょく」

樋口 命を支えていくうえで、3つの「しょく」が大切だと私は思っています。1つは「食」。生きているかぎり、食べることから引退できないですものね。2つ目は「触」、つまり、ふれあい、人とのつながりです。そして、3つ目が「職」。仕事ですね。元気なうちは働いて、少なくてもいいからお金を得る。これは人にとって大きな喜びです。また、ボランティア活動をして社会とつながりを持つことは、収入と同じくらい価値のあるものを得られます。この3つの「しょく」があって、なおかつ昼寝つきの生活ならば、なかなかいい高齢期ですよね。

和田 長野県は、長寿県として知られていますが、長生きに貢献している大きな要因をご存じですか。実は、働くことなんです。長野県は高齢者の就業率がダントツに高いのです。農業県なので、高齢になっても農業をしながらうまくすれば一生働くことができます。自分の裁量でできる小規模の田畑があって、それを維持して働くことで、お金も得られる。それが働き甲斐となって温泉に行ったり、おいしいものを食べたり、孫にお小遣いをあげたりしているんです。これが心と体の健康にはとてもいいんですね。

樋口　高齢者にとって、働けるというのは本当に大きいことだと思います。農業というのは懐が深くて、ある程度ヨタヘロになっても、それなりに働くことができます。聞いた話ですが、長く農業をやってきた男性が92歳になっても田んぼをやっているそう。要介護2で、両手に杖をつきながらゆっくり歩くのがやっとという状態ですが、大型の農業機械に乗り込むのを家族が介助してあげると、機械の操作や運転はお手のもので田植えや稲刈りができる。でこぼこした畑のなかを歩いたりするのはできないけれど、まるで車いすがわりに畑を走り回っているそうです。農繁期になると「畑が忙しいから、デイサービスは休む」とそわそわしだして。自分の仕事や役割を持っているというのは老いに対して強いですね。

和田　農業をしている地域ではそういう方も多いでしょうね。長野が長寿県にのし上がったときに、その理由は昆虫を食べているからではないかという珍説がありました。長野は海なし県なので魚が食べられず、しかたなく昆虫がタンパク源になったとはいえ、その後昆虫食は減っているのに、むしろ長生きになっています。

また、みんなが山歩きしているからだという説も浮上しました。結論から言えば、今、長野の人たちは山歩きするどころか一家に1台以上車がある家も珍しくなく、それがなければ生活できなくなっているわけです。

長野は高齢者の就業率が全国でもダントツに高いので、やはり働くというのは長生きにつながることが考えられます。

仕事も、結婚も二毛作？

和田　そもそもある年齢になると退職しなければいけないというのは、年齢差別です。最近は一部の企業で定年を撤廃し、働く意欲のある70代は働きつづけられるというところが出てきました。それでもまだまだ一部の動きです。
僕は実は発達障害があり社会適応が下手で、37歳で常勤の医者を辞めました。そのときに、とにかく和田秀樹という名前で食えるようになろうと、チャレンジし続けてきました。

東京大学医学部を出ている人たちは、その当時はみんな教授を目指してガツガツと競争していましたから、僕はほとんど落ちこぼれとしてバカにされていたんです。けれど、63という年齢になってくると、教授を目指していた同級生たちが「和田はいいよな」と。病院長になった友人も70歳の定年までにはまだ時間はありますが、それでも「おれたち、これからどうしようか」とぼやくんです。

やっぱり、肩書がなくなったときにどうするかということを、早くから考えて生きてきたほうが賢いと思うんですよね。定年で会社に追い出されてどうしようというのではなくて、次の人生、どう生きるか。やってやろうじゃないかと思えるくらいの意欲は、自分で持っておきたいものです。前述の外山滋比古先生は40代になるころ、本業は学者ですが、一生続けられる仕事は何かを考えたそうです。その結果、物書きがよいと考え、晩年まで働くことができました。

また、人生二毛作という考え方も提唱されています。二毛作とは、一年のうちに同じ畑で別の作物を収穫すること。会社員なら、定年退職などを機に、まったくやったことのない仕事を始めると、人生がおもしろくなるというのです。生き方も、会社勤めのときはまじめ人間でやってきたら、定年後はタレントの高田純次さんのように、柔軟なテキトー精神で生きてみるというのも、二毛作と言えるでしょう。

ついでに言うと、僕は結婚も二毛作があってもいいと思います。熟年離婚が増えるなか、子育てをする結婚と、老後を一緒に楽しめるパートナーとの結婚というような二毛作の結婚観が普及すれば、高齢期の楽しみが増えると思っています。

「人間、死んでからだよ」

樋口　初めからライフワークや老後をどうするかという計画を持っていなかった人でも、人や社会とかかわっているなかで、自分にできることが見つかることがあります。

高齢者に参加してもらいたい集まりなどを企画しますと、わりと女性は気軽に参加してくれるのに対して、昔から男性は腰が重いと言われてきました。けれど、よくよく男性に話を聞いてみると、人の役に立ちたいという意欲が高いのです。

北海道にはＮＰＯ法人札幌微助人《びすけっと》倶楽部《クラブ》という組織がありますが、立ち上げの中心になったのは、ボランティア活動に熱心な男性だったといいます。このNPOは会員制の有償ボランティア組織で、家事援助や通院介助、話し相手、除雪や庭仕事、パソコン支援、通院や買い物などの移送サービスなどを展開しています。私は、この「微助人」という言葉がいいなと思って、ずっと注目しているんです。

この会に限らず、ちょっとした助け合いをしたいという男性はたくさんいるので、そうした男性をうまく引き出して、ボランティアの輪を広げたら楽しくなると思いますね。女性はどちらかというと、おしゃべりするだけで人とつながれますが、男性は意義のある活動とかでないと引っ張り出せないんですね。まじめなんです、男の人は。

和田　精神科医の土居健郎先生は、晩年、「人間、死んでからだよ」とよく言っていました。土居先生は2009年に89歳で亡くなるまで、生涯現役を貫いた方でした。

当時私はまだ若く、この言葉の意味が理解できませんでしたが、このごろ、何となくわかってきたように思います。つまり、生きているときは他人の評価なんて気にせず、自分の思うようにやれ、評価は死んだあとからついてくるという意味ではないかと思うのです。
何を生きがいとするかは自由。何であろうと、力を尽くせるものを持っているのは、すばらしいことです。

ユーモアが介護保険制度創設の梃子《てこ》になった

和田 脳は楽しいことが大好きです。特に、良好な人間関係には明るいユーモアがあふれていて、いい空気が流れています。樋口さんは、長年、さまざまな方たちと協力し合って、介護の社会化の実現に取り組んでこられましたが、何か秘訣のようなものはあるんですか？

樋口 今、ユーモアとおっしゃいましたが、人との関係はユーモアが大事だと思います。
私にユーモアを教えてくれたのは、小学校から大学までずっと一緒だった友人です。「蛍の光」なんかをひょうきんな替え歌にしたり、先生の特徴などを替え歌にして、まわりの人を笑わせていました。いいなと思って、彼女を真似しているうちに、いつのまにか私もクセになってしまいました。

介護保険制度の創設に取り組んでいたとき、みんなで都はるみの「北の宿から」を替え歌にしたんです。「あなた生きてもいいですか〜　長生きしてもいいですか〜　家族だのみの介護では〜　老いの心はやすみません　かいご〜ほけんは〜まぼろ〜しでしょう〜」って大勢の集会で、即席で歌ったんです。そしたら、加藤シヅエ先生が聞いていて、「あなた生きてもいいですか、長生きしてもいいですか」というところで、思わず涙がこぼれました、とお葉書をくださって。次の集会で、「加藤先生からこんなお葉書をちょうだいしました」と発表して、またみんなでワーッと盛り上がりました。

こちらは、自分の考えがどうしたら伝わるか考え、シャレや語呂合わせなどをひねり出すのですが、そうしたことを先輩たちはあたたかく見守ってくださった。加藤先生は90代になっても情報を自ら集めて、集会に足を運んで発言してくださり、若いモンを励ましてくださいました。先輩たちのお導きのおかげだと感謝しながら、私も同じように、さりげなく後輩たちを応援したいと思っています。

年齢というふるいにかけて残った、私らしい暮らし方

樋口　年齢とともに行動範囲は狭くなり、生活も小さくなっていきますが、その分、大切なものが残っていくような気がしています。

今もずっと続けているのは、午前中いっぱいかけて新聞3紙に目を通すこと。全部の記事を読んでいるわけではありませんが、あらゆることが載っていて、毎日、感心していますよ。生きるってことは、いろいろなことがあってもやっぱりおもしろいし、世の中に、深くでも浅くでもかかわっていけるというのは楽しいことなんです。

和田　樋口さんは、オペラ鑑賞がご趣味だとうかがっていますが、今も劇場に足を運ばれるんですか？

樋口　オペラ鑑賞は、私の唯一の趣味でした。がんばってきた自分にご褒美を与えるつもりで、オペラを楽しんできました。ただ、もう今は長時間の観劇はトイレが心配になって、足が遠のいてしまっています。このごろはいいケア用品があるので、いつかまたオペラ鑑賞を再開するかもしれません。

和田　僕は「老化を遅らせたかったら、引退してはいけない」と言ってきましたが、樋口さんは、これだけは引退しないぞ、というものはありますか？

樋口　そうですねえ、娘との口ゲンカかしら（笑）。そんなことを言うと、同居する家族（ファミリー）がいない（レス）「ファミレス社会」の現代では、聞く人によっては自慢に聞こえてしまうかもしれませんね。でも、同居する60代の娘が私に、食事をしているときの姿勢が悪いだの、何を食べろだの、箸の上げ下ろしにまで文句を言って、ケンカをしかけてくるんです。腹立たしいのなんのって。

でも私をよく知る人からは、それはヒグチさん、娘さんを育てるときにガミガミ言ったからじゃないですかと。まったくそのとおりで、私がかつて娘に言ったようなことを、今言われているんです。それがまた悔しい。

年をとると性格が丸くなったり、穏やかになったりすると言いますが、私には当てはまりません。娘にああせいこうせいと命令されたとき、どうやって反論してやるかを瞬時に考えるのがいいんです。ケンカはわれわれ親子のコミュニケーション。このかけひきがなくなったら、つまらないと思いますし、娘からも、あれっ具合悪いの？

なんて心配されるでしょう。古い友人からも「娘さんとのケンカが、今でも仕事が務まる源泉だ」と言われています。ただ、これはほかの人にはすすめられませんね。

和田 楽しそうなケンカですね。ちなみに、年をとれば性格が丸くなるというのは一般的ではありません。年齢とともに誰でも前頭葉が萎縮し、それにともなって性格はより先鋭化します。つまり、頑固な人はより頑固に、攻撃的な人はより攻撃的に。性格が丸くなったという人はもともと丸かった人だと思います。ただし、認知症が重くなると、ほとんどの人が丸くなります。

娘さんを相手に、丁々発止ということですが、高齢で自己主張が強いというのは悪いことではないですよね。僕の母も自己主張が強いです。むしろ、自分らしく、たくましく生きていくには、必要なことだと思いますよ。

猫は私の〝心のリハビリ介護士〟

樋口 私にやさしくしてくれるのは、猫だけです。わが家には4匹の猫がいます。ちょっぴり落ち込んでも、体調が悪くても、猫と遊んでいるとすぐに笑顔になります。

私はわりとしぶといほうなので、あまり泣いたりしません。けれど、70代後半で胸腹部大動脈瘤の手術を受けたあと、生まれて初めて体験する強烈な苦痛に襲われ、退院して家でリハビリをしていても、痛くて、泣くつもりはないのに自然と涙が出てくるほどでした。

そんな様子を猫も見ていたのでしょう。ふさふさの茶色い毛並みでタヌキと名づけた猫が、あるとき2階の私の寝室にやってきて、寝ている私の右腕を前脚で抱え込み、熱意を込めてなめ始めたのです。明らかに、私をいたわっている営みでした。ありがと、ありがととお礼を言いながら、私の涙は、痛みの涙から感謝の涙に変わっていました。猫は〝心のリハビリ介護士〟なのです。今、15歳になっておばあちゃん猫になったタヌキですが、年寄り同士、いたわり合っていきたいと思っています。

ペットを飼っていていちばんの気がかりは自分が先に倒れたときのこと。親族や友人に頼んでおいたり、犬猫の保護活動をしているNPOでは飼えなくなったときに新しい里親を探すなどの活動もしているので、よくよく相談するとよいと思います。わが家の場合、私亡きあと、娘が猫の世話をしてくれると思いますが、今まで慰めてくれた猫たちの恩に報いるためにも、ペットの保護活動をしている団体に、寸志程度でも遺産を寄付したいと思っているんですよ。

和田 仕事については、どのように思っていますか？ 若いころと違いますか？

樋口 90歳を過ぎてからは特にそう思うのですが、もうこれが最後の仕事かなと思って、いつもやらせてもらっています。そう思うと、どの仕事にも熱が入り、楽しいの。助手たちには「ここまでやったら、横になっていいですよ」と言われて、働かされていますが、基本的に好きな仕事ができるということ自体が、ごほうびだと思ってやっているんです。

断捨離、終活はやったほうがいい？

和田 自分が望む死に方をするために、エンディングノートを書いたり、遺言書を書いたり、断捨離をしたりする人がいます。それもいいとは思いますが、私自身はこの先も、終活に時間を割くよりも、生きている今を楽しむことに時間を割きたいと思っています。

樋口　私は家の建て替えにともない、膨大な量の書籍や洋服、家財道具の断捨離を余儀なくされ、うつ状態になりました。年をとって、スペースがあるのなら無理に断捨離しなくてもいいのではないかと思っています。捨てるメリットよりも、デメリットのほうが大きかったわけです。

終活については、遺言書を作成することから始まり、たくさんの洋服やアクセサリー、宝石類を分け合ってくれる「形見分け委員」を任命、葬儀計画なども作る計画です。間に合うかしら？　こういうものは、まだ元気なうちにやっておかないと、なかなか難しいものです。たとえば遺言書は最初に作っておいて、その後、日付を更新したり、内容を書き換えることもできます。少しだけ死を身近なものに感じ始めたら、終活をしておくと心の準備になります。

一度、葬儀計画を立てましたが、２０１９年に１０１歳で亡くなった生活評論家の吉沢久子先生にならって葬儀はあげないことにしました。参列していただくにも、ご高齢の方は、体調によっては付き添いの人を頼まなければならないなど、大変負担がかかります。私も、友人の葬儀にお別れに行くか直前まで迷って、行くのを断念したことがあります。

リビング・ウイルで、今をどう生きるかが明確に

和田　僕は終活はしていませんが、最期の医療をどうするかの意思表示としてリビング・ウイルならば考えています。元気なうちにどんな死に方をしたいかを考えておき、家族や友人に話しておくとよいと思うからです。

作成するならば、リビング・ウイルは日本尊厳死協会のホームページ（https://songenshi-kyokai.or.jp/living-will）が参考になります。ただ死については、意識がなくなるような直前のことを考えるのではなく、早い段階から考えたほうがよい。血圧や血糖値を下げる薬を使うか使わないかとか、がんになったら治療を受けるかどうかとか、自分の意思で選択することで、やがて訪れる死を納得いくものにすることができますし、今をどう生きるかということも明確にできると思っています。

樋口　私は、自分の名刺に「回復不可能、意識不明の場合、苦痛除去のため以外の延命治療は辞退いたします」と書いて、日付を書き、署名、捺印して、これを健康保険

証と一緒に持ち歩いています。初めに書いたのは、2014年。夫が亡くなってずいぶん経ち、自分のこの先のことを考えたときに、必要だと思って書きました。延命治療拒否のことは、娘や助手など近しい人には話してあります。口頭だけでなく、きちんとカタチとして示すことで、現場の医療者もやりやすくなると思っています。

しかし、2度目の乳がんが見つかって、もう長くないかもしれないと思ったら、延命治療をきっぱり拒否した私が、なんともさみしい気持ちになりました。この世が名残惜しく、そんな自分に驚きました。準備はあくまでも準備。本番を迎えると心が乱れます。しかし、準備をしておいたからこそ、自分の心の変化や揺れにも気づくことができます。

老いを生きやすくする性格がある

樋口　私は昔から先輩に恵まれてきました。親の世代と同じくらいであったり、10歳ほど先輩であったり、年代は違いますが、そうした先輩方から共通して学んだことがあります。それは、人に対して寛容であれということなのです。

私は昔から、世に出ている方というのは、すばしっこくて、効率的な生き方をしていて、どこか意地悪いところがあるからそうした結果を出せたのだと思っていました。そういう人たちと渡り合おうとするなら、こちらも強く出ないと負けてしまう、と。

ところが、年上のさまざまな偉い方に接していると、まったく違うんです。ちょっと嫌だなと思う相手にも、いいところを見つけている。他人のいいところを見つけて、自分は劣っているなんて思わない。むしろ、他人のいいところを、自分のものにしてしまおうという発想なんです。他人の徳が、自分の徳にもなる。他人に寛容になればなるほど、自分がますます豊かになっていくと思うと、人に対して寛容になれます。

人間、年を重ねていくということは、人を許すということです。私のお手本である吉沢久子先生、秋山ちえ子先生といった方たちは、人のいいところをすべて取り込んで、堂々と年輪を重ね、人格ができてらっしゃった。今よりもずっと鼻っ柱が強かった私は、そういう年長者の寛容な空気のなかで、自由にふるまってきました。

ふと自分自身を振り返ると、私のなかにも、先輩から教わった寛容さが育っているように思います。この寛容さこそ、老いを生きるときに必要なものだと思うようになりました。

相手も人に認められると嫌な気がしませんから、ますますいい面を見せてくれます。そうしたら、それもいただいてしまう。こうやって人とかかわっていくことで、豊かな気持ちになっていきます。だから、人づきあいはまめにしたほうがいい。誰かとつきあうということは、その人の長所をもらうことですから。

先輩たちから寛容さを教わらなかったら、私はもうちょい意地の悪い人間になっていたと思います。

コラム

今、情熱を燃やしていることは何ですか？

高齢者が笑って楽しめるエンタテインメント映画を作りたい

和田秀樹

私は、高齢者がエンタテインメントを楽しめる映画を作りたいですね。今の高齢者が若いころは、植木等さんの『ニッポン無責任時代』といった映画や、渥美清さんの『男はつらいよ』シリーズなどを見て楽しんできたと思います。そうした、お年寄りが笑って楽しめるような娯楽作品を作りたいと思っています。

お金ができ次第、着手します。映画の製作現場は、みんなで大工になって〝建物〟を作り上げていくような一体感があります。それを工事現場の現場監督のように仕切るのが映画監督です。ふだんの医者の自分とはまったく違った自分になれるのも、楽しいのです。撮影が終わってからも、編集したり、音入れしたり、そこから作品になっていく充実感は、やってみないとわからないものです。

私の唯一のライフワークである映画を通し、高齢者を元気にしたい。高齢者を元気にするオピニオンリーダーみたいになれたら、幸せですね。

樋口恵子　ライフワークの「嫁」研究をまとめあげたい

介護保険以前の嫁は、たとえば38ページで述べたように、介護地獄のど真ん中で孤軍奮闘していました。この背景に日本の家父長制的家制度の名残としての「嫁」という存在があるのです。私は、嫁という存在に焦点をあてて、女性たちが背負ってきた歴史を書き残したいと思っています。タイトルは「嫁哀史」と決めています。

日本政府の保守派は夫婦選択別姓制をいまだに頑なに認めようとしません。日本の保守のいちばんの牙城は何だっただろうと思ったら、やっぱり家父長制的家制度です。「嫁」に関しては、資料を集めていますので、自費出版でもいいから、死ぬ前に出したいなと思っています。もうこんなヘロヘロですけど、おかげさまで最近もベストセラーが出て、お金も少し貯まりましたから、ぜひとも実現させたいです。こういう「のろし」をあげておくと、私はできなくても、もっと優秀な若い人が誰か受け継いでくださると思います。

第5章 嫌老社会 vs. 幸齢者が増える社会

高齢化率29%ということは、
本気で怒ったら必ず社会は変わるはずです（和田）

かわいいおばあさんと言われなくても
いいんです。生きている以上は、闘わなくちゃ。
できれば、いい仲間と、楽しくね（樋口）

高齢者を排除するしくみ

樋口　もう何年も前のことになりますが、作家の田辺聖子さんと対談したことがあります。田辺さんがおっしゃるに、京都の町は戦争で焼けていないから、生まれ育った町内でそのまま年をとっていくので、おばあさんが堂々と歩いている。一方、（町が戦争で焼失して、再開発されてしまった）大阪は年寄りが歩けない。もっとミナミのようなところをお年寄りがいっぱい歩いていてほしい、というお話でした。

特に、幅の広い大きな道路にかかった歩道橋なんかは、お年寄りが上がるのはとうてい無理。都市には、お年寄りを町から排除しようという性質があると嘆いておられました。

和田　歩道橋が盛んに造られたのは、自動車が普及して車社会になり、交通戦争と言われた１９７０年代です。車社会を優先したために、高齢者にとってはとても利用しづらい歩道橋がたくさんできました。シルバーカーを押すお年寄りが歩道橋の階段を上るなんてことはとてもできませんからね。

樋口　欧米に行きますと、公園のベンチに高齢の夫婦がぼけっと座っていますね。あれ、家にいる場所がないから出てきているんだって言う日本人がいましたが、そこに公園があり、アパートから公園までのアプローチがちゃんとしていて、車いすでも杖でも移動できる町になっているから出てこられるんです。いいじゃないですか、公園でぼけっと座るくらいさせてくださいよって思います。

和田　高齢者の行き場はどんどん狭まっていると思いますね。歩道橋が象徴するように、高齢者が歩きにくい町にしてまで車社会を優先し、今はその車社会から高齢者を排除しようとしています。本当に高齢ドライバーに対しての風当たりは、とても強い。

運転免許を更新するとき、70歳以上は「高齢者講習」を受けなければなりませんし、75歳以上は、高齢者講習の前に「認知機能検査」を受けることが義務づけられています。

世間には「高齢者の運転は危険だ」という思い込みがありますが、最も交通事故を起こしやすい年代は16～19歳で、高齢者が特別多いわけではありません。クリント・

イーストウッド監督の『運び屋』という映画では、むしろ高齢ドライバーは無茶な運転をしない優良ドライバーとして描かれているのです。なのに、日本では免許の更新手続きひとつとっても、高齢者が不公平な扱いを受けている。僕には、警察が75歳以上の人から運転免許証を取り上げようとしているように見え、高齢者の移動の権利を奪う由々しき問題につながると思っています。

認知症の人への偏見や差別もあります。認知症といっても、いろいろなレベルがあります。まだ機能がたくさん残されており、ふつうに生活できる人も多いんです。長年運転をしてきた人は、認知症になっても軽度のうちは支障なく運転できるでしょう。それなのに、運転免許の更新の際、認知症であるという医師の診断書ひとつで、免許の取り消しや停止となります。運転に支障のあるレベルの認知症だから、免許を取り消したり停止にするというのならわかりますが、一律に、認知症というだけでそうするのは、認知症差別ではないでしょうか。

樋口　２０２３年、ついに認知症基本法ができましたのに、なんだか時代に逆行しているようですね。

和田　認知症に対して正しい知識を持つことで、認知症の人と一般の人が共生できる社会をつくることを目的とした法律ですよね。４年ほど前にいったんできかけましたが、一度廃案になって、やっと通ったんです。なのに、警察は平気で市民としての権利を剥奪《はくだつ》しようとしているのです。市民の権利を剥奪するには正当な理由がないといけないのに、認知症ということを理由にしてしまえば、認知症との共生社会なんてあり得ません。

さらに、「高齢者の暴走事故」などがニュースで大々的に取り上げられ、高齢者自身も免許の自主返納に協力しています。もちろん、運転に自信がなくなったら返納したらいいのですが、高齢者は運転するなという空気のなかで、じわじわと高齢者の権利を奪うのはおかしなことです。私には、ひとりの高齢者が交通事故を起こしたからすべての高齢者の免許を取り上げろという無茶苦茶な理屈で、高齢者を追い込んでいるように見えます。

移動手段がなくなると要介護率が上がる

樋口　運転免許がないということは、移動手段がなくなるということです。特に地方では、買い物に行くにも、病院に行くにも、すごく不便になります。公共交通手段があればまだいいですが、現状はそれもお粗末。東京近郊でもバスの本数が減らされているみたいで、冗談じゃありません。今、日本中で始めなきゃいけないのは、市区町村別に高齢者の足をどう確保するかというコンクールです。コミュニティバスや、スマホのアプリで呼べば来るオンデマンドバスなどがあるところはあるのですが、一部に限られていますね。

和田　東京都内でも、富裕自治体はコミュニティバスが比較的多いですが、そうでもない自治体ではやはり手薄です。

樋口　ちょっと出かけたいと思っても、交通手段がないから出かけられず、じっとこもっているとますます足が弱くなっていきます。高齢者にとっては本当に深刻な問題であることを、若い人にはなかなか実感してもらえていないかもしれないですね。

和田　高齢者から免許を取り上げると、６年後の要介護率は２・２倍に増加するというデータがあります。高齢者を早く死なせるためにはすごく便利な手段ですよ。

その前の２００５年ぐらいに始まったメタボ対策では、高齢者に栄養をなるべくとらせないようにして、６〜８年寿命を縮めようとしています。高齢者はじわじわと首を絞められているようなものです。

樋口　そのわりに高齢者はたくましく生きていますね（笑）。

和田　やっぱり高齢者も栄養が大事ということや、歩かないと歩けなくなるということを体感的にわかっていて、賢く対応しているんだと思います。ただ、今回のコロナ禍は家のなかに閉じこもってばかりの生活を強いられ、大きなダメージをこうむっていると思いますね。

明日はわが身の高齢者への差別発言

樋口　私は、長いこと政府のさまざまな委員をやらせてもらいました。今は全部外れて、「高齢社会をよくする女性の会」の副理事長であるお茶の水女子大学名誉教授の袖井孝子さんをはじめ、本会の役員のみなさんに交代して出てもらっています。介護保険成立のときから、基本的に厚労省の一部の人たちとは大変友好的な関係なのですが、実は内々では、審議会の委員に70歳以上は排除しようというのが主流になっているようなんです。

医療保険や社会保障審議会で重大な部分を占める、医療保険や介護保険は、70歳以上の人が利用している制度ですのに、その審議会から70歳以上の人を締め出すというのは、やっぱりおかしなことだと思います。これ、抗議の大キャンペーンをそのうち起こそうと思っていますから、和田さん、ご協力ご指導のほどぜひお願いいたします。

和田 70歳以上の人が審議会の委員になれないなんて、許せないことです。その背景には、高齢者は知的レベルが低いという間違った思い込みがあるのかもしれません。そんなことはない、日本の高齢者は他国と比べても学力が高く、知的レベルが高いんです。これは社会にとって大きな財産だと思うのですが、それを見ようとしないのは残念なことです。

アメリカではいち早く１９６７年に年齢差別禁止法ができ、はっきりと高齢者差別にＮＯと言っています。ＥＵは２０００年、韓国も２０１３年にそういう法律ができているのに、日本という国は、先進国のふりをして、高齢者差別を堂々とやっています。

私がこの国でいちばん問題だと思うのは、高齢者差別の発言を公然と許していることです。今、かりに私が公の場で女性に対して差別発言をしたら、私は社会的生命を絶たれます。性的マイノリティの人たちを差別する発言をしても、同様です。差別発言をする人は、人格的に信用されません。

にもかかわらず、高齢者に対しての差別や差別発言は、なぜか許されてしまうのです。「年寄りなんだから運転やめろ」「審議会の委員辞めろ」という動きが許され、「高齢者は老害化する前に集団自決、集団切腹みたいなことをすればいい」などとんでもない発言を公然と言い放った30代の経済学者が出てきても、一旦非難されたもののの、今は許され、堂々といろいろなテレビ番組に出ています。

シルバー民主主義ならもっと優遇されているはず

和田　「シルバー民主主義」などと言われ、若い世代は高齢者世代が優遇されているのではないかと不満が出ています。今行われている政策が、本当に高齢者優遇になっているか、僕はかなり疑問を持っています。

たとえば、シルバー民主主義による高齢者優遇が事実であったら、なぜ歩道橋にエレベーターがないのでしょうか。保育園の待機児童が２６００人余りまで減っているなかで、特別養護老人ホームの待機者は40万人もいるのです。岸田政権が力を入れているのは、少子化対策のほうです。現在の深刻な人手不足だって、高齢者を有効活用すれば、解決策があるかもしれません。

樋口　高齢者を使えばいいと思いますよ。給料はある程度安くてもいいですから。

和田　トラックドライバーもタクシードライバーも宅配のドライバーも足りないのに、高齢者から逆に免許を取り上げて運転できないようにしています。高齢者を活用しようという発想がないんですね。

樋口 高齢者がこのようなかたちで差別されるようになったのは、いったいいつごろからなんでしょう。家父長制のなかにあった姥捨《うばす》てのような高齢者差別とはまたちょっとかたちが違いますね。

和田 やはり、日本という国が、貧しくダメな国になってからだと思います。それは自民党政権の経済政策のミスだと思いますが、公共事業でものすごい借金を作ってもそれをすべて高齢者のせいにして、社会を丸く収めようとしているように思えます。たとえば、年金を賦課方式にしたものだから、若い世代の給料が高齢者に巻き上げられているという思いが強くなり、社会が貧しいのはお荷物の高齢者がいるからだ、となるわけです。

高齢者を標的にした特殊詐欺がなかなか後を絶たないどころか、年々エスカレートしているのは、若者たちに、自分たちが貧しくまともな職につけないのは高齢者のせいだという発想があるからだといいます。高齢者世代と若者の世代が、まったく分断してしまっているんですね。

もうそろそろ高齢者は怒っていい

樋口　私が言うのも何なのですが、どうして高齢者は黙っているんでしょうね。

和田　日本の高齢者は大人しいですよね。理不尽とも言える高齢者差別に対しても、「もう年なんだから」と言って、高齢者が高齢者の足を引っ張っています。日本人は慎み深いから我慢していることが多いけれども、やっぱりそろそろ高齢者は怒っていいのではないでしょうか。高齢化率29％ということは、たぶん有権者の35％ぐらいは高齢者なわけですから、本気で怒ったら必ず社会は変わるはずです。

樋口　怒りというと、マイナスな印象が目立ちますけれど、やっぱり怒るべきときは怒らないといけないですね。

和田　怒ることは、現状に異議を申し立てることです。高齢者は、今の世の中に素直に従って、コロナ自粛をしたり免許を返納していたら、要介護へとまっしぐらです。そうした事態に怒ることで、高齢者はもっと元気に、もっとアクティブになるはずです。

怒ることで、考えも多様になります。これは前頭葉を使うことになるためその機能も保たれるので、前頭葉の働きがよくなって意欲がわいてきます。世の中の風潮を疑うことなくただ従っていると、「かくあるべし」「こうあらねば」という型にはまった思考に陥り、うつになりやすくなります。

怒ることで、世の中を変えられます。自民党政権が続くと、免許にしてもバリアフリーにしても高齢者は不当に扱われ続けます。ＡＩの時代というのは、高齢者が「こんなものがなくて困っている」「こんなふうにしてほしい」というものがすぐに実現する時代のはずです。ただ、その声を上げないと製品化やサービス化はされません。

たとえば私は、最近たまたま『80歳の壁』（幻冬舎新書）という本が売れましたが、それで高齢者が本を買うということがわかって、高齢者向けの本がどんどん私にかぎらずたくさん出版されるようになりました。

樋口 私も余慶にあずかっております。

和田 いえいえ。ということは要するに、高齢者が本を買うというワンアクションを起こすだけで、違ってきているということなんです。雑誌が売れないと言われているなかで、50代から上の女性を対象にした『ハルメク』という雑誌はまさしくひとり勝ちですよ。

私の高齢者向けの本も売れ、出版依頼や雑誌の取材は殺到するのに、なぜかテレビ局が「和田さん、高齢者向けの番組を今度作りたいから協力してくださいよ」とか、ラジオ局が「高齢者向けの情報番組作りたいんです」とか、そういう依頼はないんです。テレビやラジオというメディアは、高齢者はお金を使わないという発想にとらわれていて、キラキラした若いタレントを起用した、若者向けの番組こそがいいと思っているんですね。

日本の高齢者は、かねてから批判されてきた年功序列、終身雇用の賃金体系の遺産としてお金を持っています。高齢者がこんなにお金を持っている国は世界中どこにもありません。だからそれがビジネスチャンスなのに、日本の経営者たちは、高齢者を消費者とみなしてないんです。高齢者がもっと使いやすいスマートフォンの開発をしたり、高齢者の事故が心配ならば高齢者が安全に運転できる自動車を開発すれば、国の産業にもなるし、国際競争力だってつくんです。

高齢者向けのものっていろいろおもしろいものが作れると思いますよ。たとえば、絶対にこけたりしない自動運転の、ＧＰＳ付きで、人が飛び出してきたり周りに車がいたら完璧にスピードなどを制御する車います。

ドローンを使って空飛ぶ車だって作れるわけです。こうした技術で高齢者が昔よりも自由にどこにでも行けることが可能になるのに、それを邪魔するようなことをやっているのが日本です。こうした商品開発が、超高齢社会のトップをいく日本の大きなブランドになるという発想はないのです。日本の経済をちゃんとしたければ、ものを買わないうえにお金を持ってない若者を相手にするより、高齢者を相手にしたらいいのに、と思うんですがね。

財布は、一生手放さない

樋口　では、怒りながらも、冷静に、高齢者として主張するにはどうしたらいいでしょう。私は、「生涯現役、一有権者」「生涯現役、一消費者」と言ってきましたが、有権者として選挙に投票に行くことと、消費者として最後まで財布を手放さないことが、自分の権利を守ることだと思っています。

和田　そのとおりですね。高齢者は生涯現役って言いますが、みんな現役で働くことをイメージするんですけど、現役の消費者であるということが忘れられていますよね。

樋口　自分のささやかな財産でも、財布を握っているかぎり、自己決定権を持っているということです。

「少年少女よ、大志を抱け　中高年男子よ、妻子を抱け　老年よ、財布を抱け」

これは私がみなさんに言ってきたことです。

体が弱ってくると、同居する子どもに、家の権利書や預金通帳、年金証書などすべて渡す人がいますが、私はこれに反対です。財布を渡してしまうと、主導権まで握られてしまい、あとは死ぬのを待つだけになってしまいます。自分の財産については、最後まで自己決定権を保有しているほうが、高齢者の立場は断然強くなります。また、高齢者が買いたいものが開発されて、それに対して高齢者がお金を使えば、それは社会や経済を動かす力になると思うのです。

ちょっとした買い物をするのに、いちいち子どもにおうかがいを立てなければならないなんて、耐えられません。昔から私、デパートのバーゲンで、セール品のなかからこれだというものをサササッと見つけ出し、いち早く奪い取るのが得意なんです。そういう快感も、自分の財布を握っているからできるのです。やっぱり、財布は手放してはいけませんよ。

和田　買うことは、観察力や判断力をフルに活用しなければならないクリエイティブな行為ですから、脳の老化防止にはうってつけです。買うときには、商品をよく観察し、ほかのものと比較しながら、予算内で最善のものを選びます。これを、面倒だからと、子ども任せ、人任せにするのは、老化防止の機会をみすみす逃していることになり、もったいないことなのです。

僕はもう一歩進んで、元気に生きるためには「節約より、浪費すべし」とすすめています。賛否両論あると思いますが、自分の財産なのですから好きに使い、生きているうちに自分で使い切るくらいの気持ちでいたほうが、若々しい気持ちでいられ、なおかつ経済に貢献することができます。

余談ですが、認知症になると、お金を払うときに、つい面倒だからとお札を出してしまい、すぐに小銭でパンパンになるという症状が見られます。財布のなかに、小銭ばかりたまってしまうという人は注意してください。

べき思考をやめて、自由になろう

和田　冒頭で、樋口さんは「人生100年時代の第一世代」で、老いのお手本がいないとおっしゃいました。これはとても重要なことだと思います。第一世代は、どうしていいか戸惑うことばかりでしょう。しかし、むしろお手本がないからこそ、自由な生き方ができるのではないでしょうか。

私が老い方として真似してみたいなと思うのは、高田純次さんのテキトー精神です。何ごとも柔軟に受け入れる高田さんは、完全主義やかくあるべしという思考から脱却する見本となります。

また、明治から昭和にかけて活躍した小説家の永井荷風の「スケベ」にもひかれます。人目の奴隷にならない放埒《ほうらつ》さを高齢期に身につけたら、人間臭く生きていけるように思います。直木賞作家・田中小実昌《こみまさ》さんは東大哲学科を中退後、劇場やストリップ小屋などで働き、小説を執筆。好奇心旺盛にして物好き、公園のコンクリートパイプで寝起きしても平気な「フーテン」でした。テキトーで、スケベで、フーテン。どれも、既存の高齢者像を打ち破ってくれそうです。立派な先人はたくさんいますが、真似のできない人をお手本にすると落ち込むだけです。

樋口　まあ、なかなか楽しそうな高齢者像ですね。できることなら、和田先生に20年後、またお会いしたいものです。

私は、和田さんほど自由な発想はありませんが、長くジェンダー問題を考えてきたこともあり、社会や文化によって強いられる「男らしさ」「女らしさ」というものが生き方の幅を狭めてしまうことを知っています。高齢期くらいはジェンダーから解放されて生きてもいいように思います。

というのも、女性の生活に根差した生き方が健康や長寿につながっていると指摘されながら、厚労省の健康寿命でも、和田さんに教えていただいた65歳平均自立期間でも、女性のほうが要介護の時期が長いんですよね。これには理由があるのですか？

和田　いわゆる不健康な時期というのは、男性の場合は、高血圧であったり、数値上のものが多いんですね。一方で、女性は閉経後、女性ホルモンが減少し、骨粗鬆症が増えていくので、腰が痛いとか歩きづらいというように、体の衰えを感じる時期がどうしても長くなってしまうんじゃないかと思います。

樋口　介護保険の要介護原因を見ても、男性は脳卒中と心疾患、女性は骨折・転倒と関節疾患が多いというデータがありますね。これらは生物学的な男女の違いですが、それ以外にも、ジェンダーなどの社会的な理由があるのではないかと思っています。

〝ジェンダー研究家〟であり、〝ヨタヘロ研究家〟でもある私は、もし女性の「不自由な期間」を延ばしている要因が、ジェンダーに関係があるなら、それを是正していくことで、女性はもっと元気に老いていくことができると思うんです。

和田　興味深いテーマですね。ぜひ、研究を進めていただきたいと思います。

おしゃべりは男の寿命を2年ぐらい延ばす？

樋口　それにしても、女性は井戸端会議なんかで、自由に雑談をしますが、男性はただ黙って……。どうして男性は雑談しないんでしょう。

和田　男性の場合は、樋口さんもおっしゃっていたとおり何か人様の役に立ちたいとか、あるいは社会の中である役割を担いたいとか、あるいはものを書いて人に読んでもらいたいとか、そういう意識で行動する人が多いからではないでしょうか。何か賢いことを言おうとする傾向がありますね。話すこともテーマがないといけないみたいに刷り込まれているのかもしれません。仕事帰りの飲み屋でも、結局、会社の延長で、上司の批判をし、こうすりゃ会社はもっとよくなるのにみたいな話をするわけじゃないですか。仕事を離れて、もっと遊んでいいと思うんです。

樋口　あ、でも、男性は昔と比べてだいぶ変わりましたね。最近は男性もおしゃべりになってきたと思うの。結構なことですよね。昔の男は、３年にいっぺん片頰だけ笑うとか、かわいそうだと思ったけど（笑）。

和田　男がおしゃべりになったひとつの大きな理由は、たぶん１９８０年代からのお笑いブームだと思います。今のお笑い芸人っていうのは、「このあいだこんなことあって」みたいな感じの日常を、おもしろおかしく語れる人たちが人気になっている。

おもしろい人がモテるようになったんですね。

樋口　いやあ、「笑点」（日本テレビ系列）なんておもしろいですよね。

和田　「笑点」はすばらしいです。

樋口　「恋におぼれる18歳、風呂に溺れる81歳」（笑）。「笑点」で。ほんとにうまいと思って。男が今よりおしゃべりになったら、2年ぐらい平均寿命が延びると思うんですよ。

和田　あり得ると思います。

樋口　男も女も、おたがいにいいところを尊重して、ジェンダーから解放されたらいいですね。

日本は先進国のなかで女性の政治参加率が低い国ですが、おかげさまでジェンダー平等に関しては国際的な機関がワーワー、ワーワー、うるさく言ってくれて、ありがたい状況です。こうした動きに敏感に反応しなくてはと思っております。しかし、高齢者の問題は日本がいちばんの先進地なので、外圧がない。

和田　おっしゃるとおりで。エイジズムに関して言えば、意外に海外もそこまで頑張ってないんです。

樋口 何ごとも外圧でしぶしぶ動いてきた日本ですけれど、そろそろ内側の状況に目を向けて、変わっていくときを迎えているように思います。なんたって平均寿命がいちばん長いのが日本ですから。だから日本が世界に模範を示さなくてはいけないんです。そのためにも、高齢者自身も、年をとることのつらさだけでなく、すばらしさもありのままを発信して、社会に訴えていかなければいけないですね。

「幸齢者」になるための10の秘訣

樋口 「ヒグチさん、老いの不安や孤独、つらさを克服する方法はありますか」って、よく聞かれるんです。そんなもの、ありませんよ。でもね。不安で孤独でつらいときというのは、自分の足元くらいしか見えていないの。だから、ちょっとだけまわりに目を向け、できたら社会のことも考えると、こんな私でも何とかしなくちゃという力がわいてきて、自分の不安なんてどこかに行ってしまう。

和田 なるほど。樋口さんが若々しいのは、ジェンダーや高齢問題など社会に対して関心を持ち、おかしいことに対しては闘おうという気概があるからなんですね。

幸せそうな高齢者は、社会に迎合せず、わがままと言われても、自分らしく自由に生きています。同時に、人とのつながりを大切にし、社会のことも考えている。このふたつを持った人はたくましく生きていけると思います。

樋口　かわいいおばあさんと言われなくてもいいんです。生きている以上は、闘わなくちゃ。できれば、いい仲間と、楽しくね。

そして、このたびの対談でお話ししたことを「秘訣」としてまとめてみたら、10くらい挙がりました。お役に立つといいですが。

和田　年をとって幸せだという「幸齢者」が増えれば、日本の社会はもっと明るくなるはずです。長生きしてよかったという「幸齢者」が増えるように、医師としても、映画監督としても、がんばっていきたいと思います。

「幸齢者」になるための10の秘訣

1　老い方は人それぞれ。だから、人と比べない
2　高齢期こそ、既存の価値観から解放されて、自由に生きよう
3　「意欲」は死ぬまで涸らさない
4　老けたくなければ、引退してはいけない
5　「正常値」至上主義の医者からは、ヨボヨボにされる前に逃げよう
6　しっかり肉を食べて、腹九分目
7　財布は一生手放さず、もっと自己主張を
8　人とのつながりを大切に、助け合い、認め合う
9　どんな状況でも、「誰かのために」という発想が自分を救う
10　先の不安より、今を生きよう、楽しもう

おわりに

樋口恵子

精神科医の和田秀樹さんと対談本を出さないかというお話を、思いがけずいただきました。和田さんと言えば、老い方の指南書が次々ベストセラーとなり、本業の医師業はもちろん、大学で教鞭をとり、映画監督でもあるという八面六臂のご活躍。そんなお忙しい方のペースについていけるかしら、と不安がよぎりました。

一方で、これだけ世間から注目されている方だから、きっと魅力的な人物に違いない、どんな方なのだろうという好奇心がおさえられなくなりました。勢いに任せて、うかと対談をお引き受けしてしまったわけです。私の前のめりの性格をよく知って、仕事を受けすぎないように気を配ってくれているふたりの助手は、さぞあわてたことでしょう。

私は人生１００年時代の第一世代と、自認しています。年をとるとどんなことが起こるのか、長い老いをどう生きたらいいのか、誰もが手探りです。長生きするのが怖いという人の気持ちもよくわかります。私だって、こんなに長生きするとは思わず、あたふたしていますもの。でも、転んだり、くたびれたりしながらも、ああ、この老いの体験はきっと誰かの役に立つはずと思って、「実況中継」をせっせと続けてきました。

今回、たくさんの高齢者を診てきた専門家の和田さんに、より広い見地から老いとの向き合い方や、うまく老いるコツをうかがいたいと思い対談を重ねてきましたが、いかがでしたでしょうか。

意欲を持ち続けることの大切さと大変さ。できるかぎり生活のあれこれや人づきあい、仕事などから引退しないで続けていくこと。けれど、続ける方法は柔軟に工夫すること。どれも大切なことだとあらためて実感しました。

対談をしながら、驚くことがありました。和田さんのほうから「高齢者差別許すまじ」と力強く語られたのです。高齢者が社会の隅っこに追いやられている昨今の風潮に憤然としていた私は同志を得たように、大いに励まされました。

「生涯現役、一有権者」「生涯現役、一消費者」

これは私がずっと言い続けてきたことです。高齢になってヨタヘロになったとしても、人としての権利はしっかりと守られなければならないという強い思いがあります。和田さんの言葉からも同じ思いが伝わってきました。私と和田さんとは親子ほどに年齢が離れ、かたや医師、かたや評論家と仕事もまったく違いますが、意外なほど意見が一致し、話が盛り上がったのはうれしい驚きでした。91歳にして、新たな出会いがあるというのは幸運なことですね。

和田さんの「高齢者よ、もっと人生を楽しもう」という呼びかけも、心に響きました。

近ごろ私は、高齢者へのメッセージを求められて、「高齢者よ、大きな夢を描こう」と答えています。自分の人生の集大成となる仕事を成し遂げたい。これまでできなかったことに挑戦したい。自分が生きているうちはかなわないかもしれないけれど、次の世代がよくなるように夢を託したい。

人によってさまざまな夢があることでしょう。老い先短い高齢者が夢を持って何になるのかと思われるかもしれませんが、老い先の長い今の時代、高齢者だからこそ見られる夢があるはずです。せっかくなら、大きな夢を見ようではないですか。夢を見るのは、老いていく身に残された自由なんですから。お金もかかりませんしね。ひとりの夢を抱く高齢者の背景には、高齢者を社会の一員としてとらえ、老いを肯定的に受け入れる寛容な社会が必要でしょう。

そして、何より、世の中が平和でなければ、高齢者と言われる年齢まで生きることすらできません。高齢者は平和の証なのです。今、ウクライナやパレスチナのガザ地区などでは、尊い命が犠牲になっています。長生きしたくてもできなかった人たちがいることを、心に刻みたいと思っています。

２０２４年　１月

樋口恵子

評論家・東京家政大学名誉教授。1932年、東京都生まれ。東京大学文学部卒業。NPO法人「高齢社会をよくする女性の会」理事長。女性地位向上運動のリーダーのひとりとして活躍、介護保険制度創設に尽力。厚生労働省社会保障審議会委員、地方分権推進委員会委員、消費者庁参与などを歴任。現在も執筆、講演活動を続けている。著書に、『老～い、どん！　あなたにも「ヨタヘロ期」がやってくる』（婦人之友社）、『老いの福袋　あっぱれ！　ころばぬ先の知恵88』（中央公論新社）ほか多数。

和田秀樹

精神科医。1960年、大阪府生まれ。東京大学医学部卒業。東京大学医学部附属病院精神神経科助手、米国カール・メニンガー精神医学校国際フェロー、高齢者専門の総合病院・浴風会病院を経て、現在、和田秀樹こころと体のクリニック院長。高齢者専門の精神科医として、30年以上にわたり医療の現場に携わっている。著書に、『70歳が老化の分かれ道』『「高齢者差別」この愚かな社会』（以上、詩想社新書）、『80歳の壁』（幻冬舎新書）ほか多数。

講談社＋α新書 **48-4 A**

うまく老《お》いる

楽しげに90歳の壁を乗り越えるコツ

樋口恵子《ひぐちけいこ》 ©Keiko Higuchi 2024

和田秀樹《わだひでき》 ©Hideki Wada 2024

2024年1月16日第1刷発行
2024年3月15日第4刷発行

発行者――――**森田浩章**

発行所――――**株式会社 講談社**
東京都文京区音羽2-12-21 〒112-8001
電話 編集(03)5395-3522
販売(03)5395-4415
業務(03)5395-3615

KODANSHA

デザイン――――**鈴木成一デザイン室**

カバー印刷――――**共同印刷株式会社**

取材・構成――――**坂本弓美**

本文図版――――**朝日メディアインターナショナル株式会社**

印刷――――**株式会社新藤慶昌堂**

製本――――**株式会社国宝社**

Printed in Japan
ISBN978-4-06-533052-4